皮书系列为
"十二五""十三五"国家重点图书出版规划项目

就业蓝皮书

BLUE BOOK OF EMPLOYMENT

2018 年
中国高职高专生就业报告

CHINESE 3-YEAR VOCATIONAL COLLEGE GRADUATES'
EMPLOYMENT ANNUAL REPORT(2018)

麦可思研究院 / 编著
王伯庆　周凌波 / 主审

社会科学文献出版社
SOCIAL SCIENCES ACADEMIC PRESS（CHINA）

图书在版编目（CIP）数据

2018 年中国高职高专生就业报告 / 麦可思研究院编
著. －－北京：社会科学文献出版社，2018.6
（就业蓝皮书）
ISBN 978 － 7 － 5201 － 2779 － 0

Ⅰ.①2… Ⅱ.①麦… Ⅲ.①高等职业教育－毕业生
－就业－研究报告－中国－2018 Ⅳ.①G717.38

中国版本图书馆 CIP 数据核字（2018）第 103598 号

就业蓝皮书

2018 年中国高职高专生就业报告

编　　著 / 麦可思研究院
主　　审 / 王伯庆　周凌波

出 版 人 / 谢寿光
项目统筹 / 桂　芳
责任编辑 / 桂　芳　贺拥军

出　　版 / 社会科学文献出版社·皮书出版分社　（010）59367127
　　　　　　地址：北京市北三环中路甲 29 号院华龙大厦　邮编：100029
　　　　　　网址：www.ssap.com.cn
发　　行 / 市场营销中心（010）59367081　59367018
印　　装 / 三河市东方印刷有限公司

规　　格 / 开　本：787mm × 1092mm　1/16
　　　　　　印　张：17　字　数：256 千字
版　　次 / 2018 年 6 月第 1 版　2018 年 6 月第 1 次印刷
书　　号 / ISBN 978 － 7 － 5201 － 2779 － 0
定　　价 / 98.00 元

皮书序列号 / PSN B － 2015 － 472 － 2/2

本书如有印装质量问题，请与读者服务中心（010 － 59367028）联系

就业蓝皮书编辑委员会

前　言

　　《2018年中国高职高专生就业报告》除总报告外包括"应届毕业生就业报告"、"职业发展报告"、"培养质量报告"和"专题分析"这四部分，报告将用数据解读：应届高职高专毕业生就业质量如何？毕业三年后、十年后在职场发展如何？高职高专生的社会需求和培养质量如何？如何通过就业结果来发现培养过程中的问题？

　　"应届毕业生就业报告"主要是基于麦可思对2017届大学生毕业半年后的跟踪评价，并与往届同期高职高专毕业生进行对比。2017届高职高专生毕业半年后的就业率为92.1%，比2016届（91.5%）略高，近10年应届高职高专毕业生就业率稳步上升，2017届首次超过本科生（91.6%）。该子报告反映应届高职高专毕业生毕业半年后的就业情况。例如，高职高专毕业生对地方经济的服务贡献程度较高，本地生源留在本地就业的比例（2017届71.5%）明显高于本科（2017届51.1%）；高职高专毕业生就业重心"下沉"更加明显，在地级及以下城市就业比例（2017届62%）明显高于本科（2017届54%）。

　　"职业发展报告"基于麦可思对2014届大学生毕业半年后和三年后的两次跟踪评价，对毕业生进行跨期对比；此外，本年度首次增加了2006届、2007届大学生毕业十年后跟踪评价数据，是对同一大学毕业生继毕业半年后、毕业三年后的第三次再跟踪评价，通过更长的时间跨度观察毕业生的发展变化。该子报告反映高职高专毕业生在职场的发展。例如，高职教育对农民阶层的脱贫效应随着时间推移日趋显著，有效阻止了贫困群体的代际传递；高职高专生农村生源占比（2017届51%）明显高于本科生（2017届42%），高职教育对于实现农村脱贫具有更大的促进作用。

"培养质量报告"主要是反映高职高专毕业生在校期间的培养情况，并采用麦可思智能助教系统（Mita）的教与学的行为数据，将在校生的课堂行为数据与毕业生的主观评价相结合，为高校管理者提升人才培养质量提供更多的数据视角。该子报告分析毕业生对母校的总体满意度、教学满意度、教与学的行为分析、能力知识评价、在校素养提升等方面。

本年度的专题分析基于 OBE 理念（Outcomes-Based Education，成果导向教育），分别以工科大类、医药卫生大类毕业生的就业结果数据为依据，挖掘培养过程中的问题，并从课程教学、实习实践、职业成熟度教育等方面分析可能改进培养的因素。

本年度报告的特点仍然是以数据和图表来呈现分析结果。读者可以从自己的专业角度对某一数据或图表背后的因果关系进行深度解读。

特别感谢帮助完善本年度报告的高等教育管理者和研究者，在此不一一具名。报告中所有的错误由作者唯一负责。

感谢读者阅读前言与本报告。限于篇幅，报告仅提供部分数据，如需了解更详细的内容，请联系作者（research@ mycos. com）。

麦可思研究院

2018 年 4 月

目　录

⫼　分报告二　职业发展报告

Ⅳ　分报告三　培养质量报告

Ⅴ　专题分析

皮书数据库阅读**使用指南**

图表目录

| 总报告

Ⅱ　分报告一　应届毕业生就业报告

‖　分报告二　职业发展报告

Ⅳ   分报告三   培养质量报告

Ⅴ　专题分析

总　报　告

B.1
技术报告

一　数据背景介绍

（一）2018年调查数据

1.调查规模及覆盖面

2018年度麦可思－全国大学毕业生跟踪评价分为以下三类。

（1）2017届大学生毕业半年后培养质量的跟踪评价，于2018年3月初完成，全国高职高专生样本约15.0万。覆盖了1021个专业，其中高职高专专业为656个；覆盖了全国30个省、直辖市和自治区；覆盖了大学毕业生能够从事的643个职业，其中高职高专毕业生能从事的有555个职业；覆盖了大学毕业生就业的327个行业。

（2）麦可思曾对2014届大学毕业生进行过毕业半年后培养质量的跟踪评价（2015年初完成，全国高职高专生样本约13.8万）①，2017年底对此

---

① 麦可思研究院编著《2015年中国高职高专生就业报告》，社会科学文献出版社，2015。

全国样本进行了三年后的再次跟踪评价，全国高职高专生样本约 4.3 万。覆盖了 918 个专业，其中高职高专专业为 569 个；覆盖了全国 30 个省、自治区和直辖市；覆盖了大学毕业生能够从事的 654 个职业，其中高职高专毕业生能够从事的有 609 个职业；覆盖了大学毕业生就业的 333 个行业。

（3）麦可思曾对 2006 届、2007 届大学毕业生进过毕业半年后、三年后的跟踪评价，2017 年底对此全国同一样本进行了十年后的第三次跟踪评价，全国大学毕业生样本为 4100 个。覆盖了全国 30 个省、自治区和直辖市；覆盖了大学毕业生从事的 375 个职业、266 个行业。通过更长的时间跨度观察毕业生的发展变化。

2. 调查对象

毕业半年后（2017 届）、三年后（2014 届）和十年后（2006 届、2007 届）的普通高校大学毕业生：包括"双一流"院校、非"双一流"本科院校、高职高专院校、本科院校的高职高专部的毕业生，不包括成人高等教育、军事院校和港澳台院校的毕业生。

3. 调查方式

分别向毕业半年后的 2017 届大学毕业生、毕业三年后的 2014 届大学毕业生和毕业十年后的 2006 届、2007 届大学毕业生以电子邮件方式发放答题邀请函、问卷客户端链接，三类调查的问卷不同。答卷人回答问卷，答题时间为 10 ~ 30 分钟。

4. 调查对象分类

2017 届大学毕业生半年后培养质量跟踪评价分为八类大学毕业生群体：

（1）受雇就业，分为受雇全职工作（包括与专业有关和与专业无关）、受雇半职工作两类；

（2）自主创业；

（3）毕业后入伍；

（4）毕业后立刻在国内或国外读研（针对本科毕业生）；

（5）毕业后读本科（针对高职高专毕业生）；

（6）没有就业和求职，在家准备考研或留学；

（7）没有就业，继续求职；

（8）没有就业，暂不求职并且也不准备求学。

2014届大学毕业生三年后职业发展跟踪评价分为六类大学毕业生群体：

（1）受雇就业，分为与专业有关工作和与专业无关工作两类；

（2）自主创业；

（3）正在读研（包括"正在读硕士"和"正在读博士"）；

（4）正在读本科（针对高职高专毕业生）；

（5）没有就业，继续求职；

（6）没有就业，暂不求职并且也不准备求学。

2006届、2007届大学毕业生十年后跟踪评价分为四类群体：

（1）在职工作；

（2）自主创业；

（3）没有就业；

（4）其他。

5. 调查问题分类

2017届大学毕业生半年后培养质量跟踪评价的问题分为以下七类：

（1）就业状况；

（2）基本工作能力、核心知识、核心课程；

（3）自主创业；

（4）读研（针对本科毕业生）；

（5）专升本（针对高职高专毕业生）；

（6）校友评价；

（7）社团活动参与情况和素养提升。

2014届大学毕业生三年后职业发展跟踪评价的问题分为以下七类：

（1）就业状况；

（2）自主创业；

（3）工作稳定性；

（4）职位晋升；

（5）职业能力、职业素养；

（6）培养反馈；

（7）校友评价。

2006届、2007届大学毕业生十年后跟踪评价的问题分为以下四类：

（1）就业状况；

（2）职位发展；

（3）职业能力、职业素养；

（4）培养反馈。

（二）教学数据

教与学的行为数据由 Mita 麦可思智能助教（http：//mita. mycos. com）采集。数据采集时段为2017年9月至2018年4月，目前 Mita 覆盖750多所高校，4000多位老师，16万多名学生，每天产生上万条课堂行为记录。Mita 实时记录在教与学的过程里所产生的客观行为数据，可以了解老师的教学投入与学生的学习参与，这也与调查产生的数据互为补充。

二 研究概况

（一）研究目标

本调查主要采用麦可思公司自主研发的"麦可思中国高等教育供需追踪系统"（CHEFS）来进行。CHEFS 是"以社会需求信息为依据的就业导向"的评价系统，通过跟踪大学毕业生的社会需求满足、就业质量与读研学术准备的结果，把分析结果反馈给高等教育机构，以帮助高等教育机构按社会需求来改进其招生、专业设置、课程设置、课程内容、教学方式和求职服务，实现以社会需求和培养结果评价为重要依据的高校管理过程控制。

（二）研究目的

——了解大学毕业生的就业状态及就业质量，发现满足社会需求方面存在的问题；

——了解大学毕业生的自主创业、升学以及未就业的状况；

——了解大学毕业生的职业变迁、晋升、薪资增长以及对现状的满意程度；

——了解大学毕业生对母校的满意程度以及反馈；

——了解高校教师的教学投入与学生的学习参与情况；

——了解大学毕业生的能力、知识以及素养的提升情况。

（三）研究样本

本调查需提醒读者注意以下几点：

——答题通过电子问卷客户端实现，未被邀请的答题将视为无效。

——本研究对答题和未答题的样本进行了检验，没有发现存在自我选择性样本偏差问题（Self-selection Bias）[1]。

——对于样本中与实际比例的明显差异可能带来的统计误差，本研究采用权数加以修正（即对回收的全国总样本，基于学历、地区、院校类型、专业的实际分布比例进行再抽样）。再抽样后的样本分布与实际分布见表1至表12，大学毕业生的实际分布比例来自中华人民共和国国家统计局网站。

表1　2017届各省份本科毕业生样本人数分布与实际人数分布对比*

单位：%

省份	2017届本科样本人数比例	2017届本科毕业生实际人数比例	省份	2017届本科样本人数比例	2017届本科毕业生实际人数比例
安徽	3.9	3.9	广东	6.7	6.6
北京	4.4	3.3	广西	2.3	2.3
福建	3.2	3.2	贵州	1.9	1.8
甘肃	1.9	1.9	海南	<1.0	0.7

----

[1] 自我选择性样本偏差问题：是指调查中存在某类群体选择答题的概率和其他群体有明显不同。例如，可能存在就业的毕业生更容易选择参与答题，而没有就业的学生可能不愿意参加答题等。

续表

省份	2017届本科样本人数比例	2017届本科毕业生实际人数比例	省份	2017届本科样本人数比例	2017届本科毕业生实际人数比例
河 北	5.7	4.2	山 东	3.6	6.2
河 南	6.9	6.2	山 西	3.9	2.9
黑龙江	4.1	3.3	陕 西	4.4	4.5
湖 北	4.6	5.6	上 海	2.4	2.4
湖 南	4.8	4.3	四 川	3.1	4.8
吉 林	6.0	3.0	天 津	2.9	2.1
江 苏	6.4	6.4	西 藏	<1.0	0.1
江 西	3.3	3.2	新 疆	1.1	1.0
辽 宁	<1.0	4.6	云 南	3.5	2.6
内蒙古	<1.0	1.5	浙 江	3.9	3.9
宁 夏	<1.0	0.5	重 庆	3.6	2.8
青 海	<1.0	0.2			

＊表中样本人数比例小于1.0%的数值均用"＜1.0"表示，下同。

数据来源：麦可思－中国2017届大学毕业生培养质量跟踪评价；中华人民共和国国家统计局。

表2　2017届各经济区域本科毕业生样本人数分布与实际人数分布对比

单位：%

各经济区域	2017届本科样本人数比例	2017届本科毕业生实际人数比例
泛渤海湾区域经济体	20.5	20.2
泛长江三角洲区域经济体	20.0	19.8
中原区域经济体	16.3	16.1
泛珠江三角洲区域经济体	12.9	12.8
西南区域经济体	12.0	12.0
东北区域经济体	10.2	10.9
陕甘宁青区域经济体	7.0	7.1
西部生态经济区	1.1	1.1

数据来源：麦可思－中国2017届大学毕业生培养质量跟踪评价；中华人民共和国国家统计局。

表3 2017届各省份高职高专毕业生样本人数分布与实际人数分布对比

单位：%

省份	2017届高职高专样本人数比例	2017届高职高专毕业生实际人数比例	省份	2017届高职高专样本人数比例	2017届高职高专毕业生实际人数比例
安　徽	5.1	4.7	辽　宁	1.6	2.8
北　京	<1.0	0.9	内蒙古	1.1	1.7
福　建	2.6	2.6	宁　夏	<1.0	0.4
甘　肃	2.3	1.7	青　海	<1.0	0.2
广　东	8.2	8.1	山　东	9.3	8.9
广　西	3.8	3.7	山　西	2.9	2.7
贵　州	2.3	2.2	陕　西	3.2	3.6
海　南	<1.0	0.8	上　海	1.6	1.5
河　北	4.9	4.6	四　川	6.1	6.0
河　南	7.1	7.1	天　津	1.7	1.7
黑龙江	1.8	2.1	西　藏	<1.0	0.1
湖　北	5.6	5.6	新　疆	1.4	1.3
湖　南	4.7	4.8	云　南	2.2	2.1
吉　林	3.0	1.6	浙　江	3.9	3.5
江　苏	6.2	5.7	重　庆	2.7	2.7
江　西	3.1	4.6			

数据来源：麦可思－中国2017届大学毕业生培养质量跟踪评价；中华人民共和国国家统计局。

表4 2017届各经济区域高职高专毕业生样本人数分布与实际人数分布对比

单位：%

各经济区域	2017届高职高专样本人数比例	2017届高职高专毕业生实际人数比例
泛渤海湾区域经济体	20.4	20.5
泛长江三角洲区域经济体	20.0	20.0
中原区域经济体	17.4	17.5
泛珠江三角洲区域经济体	15.4	15.2
西南区域经济体	13.2	13.0
东北区域经济体	6.4	6.5
陕甘宁青区域经济体	5.8	5.9
西部生态经济区	1.4	1.4

数据来源：麦可思－中国2017届大学毕业生培养质量跟踪评价；中华人民共和国国家统计局。

表5　2017届各学科门类本科毕业生样本人数分布与实际人数分布对比

单位：%

本科学科门类	2017届本科样本人数比例	2017届本科毕业生实际人数比例	本科学科门类	2017届本科样本人数比例	2017届本科毕业生实际人数比例
工　学	34.6	33.4	经济学	5.2	5.8
管理学	17.4	18.3	教育学	3.9	3.7
文　学	10.9	9.6	法　学	2.8	3.6
艺术学	9.4	9.6	农　学	<1.0	1.8
理　学	7.6	7.3	历史学	<1.0	0.5
医　学	7.0	6.3	哲　学	<1.0	0.1

数据来源：麦可思－中国2017届大学毕业生培养质量跟踪评价；中华人民共和国国家统计局。

表6　2017届各专业大类高职高专毕业生样本人数分布与实际人数分布对比

单位：%

高职高专专业大类	2017届高职高专样本人数比例	2017届高职高专毕业生实际人数比例
财经大类	21.8	21.6
制造大类	13.9	13.2
土建大类	12.8	12.2
医药卫生大类	10.6	10.8
电子信息大类	9.7	9.3
文化教育大类	6.4	8.9
交通运输大类	5.5	5.3
艺术设计传媒大类	3.5	4.7
旅游大类	2.9	3.3
农林牧渔大类	2.4	1.6
生化与药品大类	2.1	2.0
材料与能源大类	2.0	1.2
轻纺食品大类	1.8	1.5
资源开发与测绘大类	1.5	1.2
水利大类	1.1	0.4
公共事业大类	1.0	1.1
环保、气象与安全大类	<1.0	0.4
法律大类	<1.0	1.0
公安大类	<1.0	0.3

数据来源：麦可思－中国2017届大学毕业生培养质量跟踪评价；中华人民共和国国家统计局。

表7　2014届各省份本科毕业生样本人数分布与实际人数分布对比

单位：%

省份	2014届本科毕业三年后样本人数比例	2014届本科毕业生实际人数比例	省份	2014届本科毕业三年后样本人数比例	2014届本科毕业生实际人数比例
安　徽	5.1	3.9	辽　宁	4.8	4.4
北　京	4.4	3.4	内蒙古	<1.0	1.6
福　建	1.1	3.0	宁　夏	<1.0	0.4
甘　肃	1.6	1.9	青　海	<1.0	0.2
广　东	7.6	6.2	山　东	6.2	6.2
广　西	2.6	2.1	山　西	1.1	2.4
贵　州	1.4	1.5	陕　西	4.7	4.4
海　南	<1.0	0.7	上　海	3.4	2.6
河　北	5.7	4.5	四　川	5.3	5.1
河　南	6.2	6.0	天　津	2.7	2.2
黑龙江	4.2	3.5	西　藏	<1.0	0.1
湖　北	5.9	5.8	新　疆	<1.0	1.0
湖　南	4.3	4.4	云　南	2.3	2.2
吉　林	1.7	3.1	浙　江	3.4	4.0
江　苏	9.4	7.2	重　庆	2.8	2.7
江　西	<1.0	3.3			

　　数据来源：麦可思－中国2014届大学毕业生三年后职业发展跟踪评价；中华人民共和国国家统计局。

表8　2014届各经济区域本科毕业生样本人数分布与实际人数分布对比

单位：%

各经济区域	2014届本科毕业三年后样本人数比例	2014届本科毕业生实际人数比例
泛长江三角洲区域经济体	21.4	20.9
泛渤海湾区域经济体	20.1	20.3
中原区域经济体	16.4	16.2
泛珠江三角洲区域经济体	12.3	12.0
西南区域经济体	11.8	11.6
东北区域经济体	10.7	11.0
陕甘宁青区域经济体	6.9	6.9
西部生态经济区	<1.0	1.1

　　数据来源：麦可思－中国2014届大学毕业生三年后职业发展跟踪评价；中华人民共和国国家统计局。

表9　2014届各省份高职高专毕业生样本人数分布与实际人数分布对比

单位：%

省份	2014届高职高专毕业三年后样本人数比例	2014届高职高专毕业生实际人数比例	省份	2014届高职高专毕业三年后样本人数比例	2014届高职高专毕业生实际人数比例
安　徽	5.3	5.2	辽　宁	2.8	3.0
北　京	1.1	1.1	内蒙古	1.8	1.8
福　建	3.0	2.9	宁　夏	<1.0	0.4
甘　肃	1.0	1.7	青　海	<1.0	0.2
广　东	7.6	7.4	山　东	7.9	7.9
广　西	3.4	3.3	山　西	2.8	2.8
贵　州	<1.0	1.5	陕　西	4.3	3.9
海　南	<1.0	0.7	上　海	1.5	1.6
河　北	6.2	6.1	四　川	5.6	5.2
河　南	7.7	7.6	天　津	1.6	1.6
黑龙江	2.1	2.1	西　藏	<1.0	0.1
湖　北	5.9	6.1	新　疆	1.4	1.2
湖　南	4.7	4.7	云　南	2.3	2.1
吉　林	1.2	1.5	浙　江	4.0	3.9
江　苏	5.9	6.0	重　庆	2.7	2.3
江　西	3.9	4.1			

数据来源：麦可思－中国2014届大学毕业生三年后职业发展跟踪评价；中华人民共和国国家统计局。

表10　2014届各经济区域高职高专毕业生样本人数分布与实际人数分布对比

单位：%

各经济区域	2014届高职高专毕业三年后样本人数比例	2014届高职高专毕业生实际人数比例
泛渤海湾区域经济体	21.5	21.3
泛长江三角洲区域经济体	20.6	20.7
中原区域经济体	18.3	18.3
泛珠江三角洲区域经济体	14.7	14.4
西南区域经济体	11.4	11.2
东北区域经济体	6.2	6.6
陕甘宁青区域经济体	5.9	6.1
西部生态经济区	1.4	1.4

数据来源：麦可思－中国2014届大学毕业生三年后职业发展跟踪评价；中华人民共和国国家统计局。

表 11 2014 届各学科门类本科毕业生样本人数分布与实际人数分布对比

单位：%

本科学科门类	2014 届本科毕业三年后样本人数比例	2014 届本科毕业生实际人数比例	本科学科门类	2014 届本科毕业三年后样本人数比例	2014 届本科毕业生实际人数比例
工 学	32.7	31.4	经济学	5.3	5.9
管理学	17.6	17.2	法 学	3.5	3.9
理 学	11.3	10.2	教育学	3.3	3.6
文 学	11.1	10.7	农 学	1.8	1.8
艺术学	7.2	8.5	历史学	<1.0	0.5
医 学	5.5	6.2	哲 学	<1.0	0.1

数据来源：麦可思－中国 2014 届大学毕业生三年后职业发展跟踪评价；中华人民共和国国家统计局。

表 12 2014 届各专业大类高职高专毕业生样本人数分布与实际人数分布对比

单位：%

高职高专专业大类	2014 届高职高专毕业三年后样本人数比例	2014 届高职高专毕业生实际人数比例
财经大类	21.5	21.2
制造大类	14.0	13.0
土建大类	12.1	11.2
电子信息大类	9.9	9.7
医药卫生大类	8.4	9.6
文化教育大类	7.3	10.6
交通运输大类	4.7	4.4
艺术设计传媒大类	3.5	4.8
旅游大类	3.4	3.3
生化与药品大类	3.0	2.4
材料与能源大类	2.5	1.4
农林牧渔大类	2.0	1.8
轻纺食品大类	1.8	1.7
资源开发与测绘大类	1.8	1.5
公共事业大类	1.6	1.0
水利大类	<1.0	0.4
法律大类	<1.0	1.2
环保、气象与安全大类	<1.0	0.5
公安大类	<1.0	0.3

数据来源：麦可思－中国 2014 届大学毕业生三年后职业发展跟踪评价；中华人民共和国国家统计局。

（四）基本研究框架

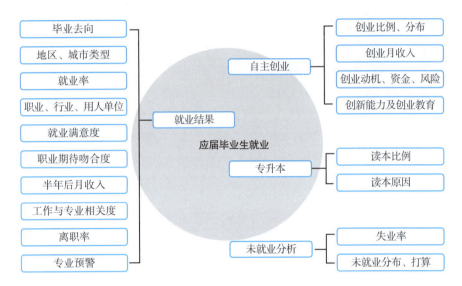

图1　分报告一基本研究框架

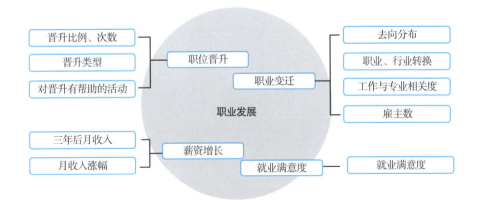

图2　分报告二基本研究框架

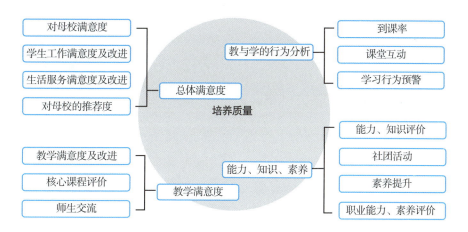

图3　分报告三基本研究框架

B.2
主要结论

麦可思自 2007 年开始进行大学毕业生跟踪评价，并从 2009 年开始根据评价结果每年发布《中国大学生就业报告》（"就业蓝皮书"），迄今已连续十年出版"就业蓝皮书"，建立了 2006～2017 届中国大学毕业生就业数据库。无论是数据的全国覆盖规模，还是时间的持续性，在世界和中国高等教育领域都是独一的，对世界和中国研究大学生就业、培养质量和社会需求有不可替代的作用。

除了对应届生进行毕业半年后就业状况的短期跟踪评价，麦可思还对同一毕业生样本进行了三年后、十年后的再跟踪评价，这样反馈回来的社会需求从时间跨度上来看更为全面。除了劳动力市场信息外，麦可思还让大学毕业生对在校期间的教学满意度、核心课程、师生互动、知识/能力/素养提升等进行评价，并采用麦可思智能助教系统（Mita）的教与学的行为数据，对培养过程与就业结果进行因果分析，以就业结果数据为依据，挖掘培养过程问题，从而为人才培养的持续改进提供参考。

［解读1］高职高专就业率稳步上升，首次超过本科

2017 届[①]高职高专毕业生半年后的就业率为 92.1%，比 2016 届（91.5%）略高，近 10 年应届高职高专毕业生就业率稳步上升，2017 届高职高专就业率首次超过本科（91.6%）。

---

① 解读中提到的往届数据，均出自相应年份的《中国大学生就业报告》或《中国高职高专生就业报告》，其中 2013～2016 届毕业半年后全国高职高专生样本量分别约为 15.3 万、13.8 万、12.7 万、14.2 万；2012 届、2013 届毕业三年后全国高职高专生样本量分别约为 1.9 万、2.5 万。

从去向分布来看，2017届高职高专毕业生"受雇全职工作"的比例（80.8%）与2016届（80.7%）基本持平；"自主创业"的比例（3.8%）与2016届（3.9%）基本持平；"受雇半职工作"的比例（2.0%）与2016届（1.9%）基本持平；近3年应届高职高专毕业生"受雇和创业"的比例保持稳定。

与此同时，读本科逐渐成为越来越多高职高专毕业生的选择。数据显示，"毕业后读本科"的比例（5.4%）较2016届（4.9%）上升了0.5个百分点，连续6年应届高职高专毕业生读本比例持续上升。可见应届高职高专生毕业时读本的去向分流上升，这也促进了就业率的稳步上升。从读本动机来看，2017届高职高专毕业生的主要驱动力是"想去更好的大学"（30%）、"职业发展需要"（26%）以及"就业前景好"（25%）。

从专业大类层面来看，2017届生化与药品大类的就业率（93.5%）最高，其后依次是公共事业大类（93.4%）、材料与能源大类（93.3%）、制造大类（93.0%）等；2017届读本科比例较高的是文化教育大类（7.6%）、财经大类（7.3%）以及医药卫生大类（6.3%），对此，高校管理者可有针对性地完善专本衔接工作。

高职高专毕业生中未就业人群的占比逐渐缩小。2017届高职高专毕业生"无工作，继续寻找工作"、"待定族"（不求学不求职）的比例为7.5%，较2016届（8.1%）下降了0.6个百分点，近3年应届高职高专毕业生未就业比例持续下降。

［解读2］高职高专毕业生对地方经济的服务贡献程度较高

高职高专院校普遍以本地（学校所在省份）生源为主，毕业生留在本地就业是主流。从高职高专毕业生的就业地选择来看，本地生源本地就业的情况居多并不断提升，从2013届的69.3%上升到了2017届的71.5%，且明显高于本科毕业生（2017届为51.1%）。进一步从不同地区来看，本地生源本地就业的增加主要集中在中西部地区：中部地区2017届高职高专毕业生中本地生源本地就业的占比为62%，与2016届（62%）持平，较2013

届（55%）上升了 7 个百分点，整体呈现上升后趋稳的态势；西部地区则呈现"U"形变化，从 2013 届的 75% 下降到 2016 届的 73%，2017 届又回升到了 75%；另外，东部地区基本稳定在 78% 左右。

行业需求是促使毕业生留在本地就业的重要因素。从高职高专毕业生在中西部地区就业的行业分布来看，建筑业、医疗和社会护理服务业以及教育业的就业数量较大且呈上升趋势：在中西部就业的高职高专毕业生中，分布在建筑业的比例从 2013 届的 14.0% 上升到了 2017 届的 15.0%，其中"高速公路、街道及桥梁建筑业"是最主要的需求增长点，毕业生就业比例从 2013 届的 2.4% 上升到了 2017 届的 3.7%；同时，分布在医疗和社会护理服务业、教育业的比例分别从 2013 届的 7.0%、3.4% 上升到了 2017 届的 9.0%、7.6%。

此外，伴随着城市化进程的深入，地级及以下城市的发展活力不断释放，这也吸纳了更多毕业生留在本地就业。数据显示，高职高专毕业生近几年就业重心"下沉"更加明显：在地级及以下城市就业的比例从 2013 届的 58% 上升到了 2017 届的 62%，且高于本科毕业生（54%）较多。其中，中西部地区就业重心"下沉"的表现较为突出，高职高专毕业生在中西部地级及以下城市就业的比例从 2013 届的 27% 上升到了 2017 届的 33%。可见随着国家对中西部基础设施建设、医疗与教育事业投入的不断倾斜以及二线城市、三线城市、中小城市发展活力逐步释放，越来越多的毕业生选择留在本地就业，这将持续推动中国地区经济的均衡发展。

［解读3］高职教育对农村生源脱贫效应显著，对毕业生职场发展需给予更多关注

高职教育对农民阶层的脱贫效应随着时间推移日趋显著，有效阻止了贫困群体的代际传递。数据显示，2014 届高职高专农村生源毕业生半年后的月收入为 3117 元，略高于同期农民工月均收入（2864 元）[①]；而到了毕业三

[①]　国家统计局：《2014 年全国农民工监测调查报告》，2015 年 4 月 29 日。

年后收入上的优势明显扩大，2014 届高职高专农村生源毕业生三年后（即2017 年时）月收入为 5552 元，与毕业半年后相比涨幅为 78%，明显高于同期农民工（2017 年月均收入 3485 元①，与 2014 年相比涨幅为 22%）。高职高专院校中农村生源占比（2017 届 51%）明显高于本科（2017 届 42%），高职教育对于实现农村脱贫具有更大的促进作用。

对农村生源毕业生的职场发展仍需给予更多关注。数据显示，2014 届高职高专农村生源毕业生三年内获得职位晋升的比例（60%）低于非农村生源毕业生（63%）；通过数据检验，理解与交流能力（包括积极学习、有效的口头沟通等）是影响晋升的重要因素之一，而农村生源毕业生理解与交流能力的满足度（2017 届 85%）相对偏低（非农村生源毕业生 2017 届为 86%）；通过对 2006 届、2007 届大学毕业生十年后的跟踪评价可知，持续学习能力、协作解决问题能力分别是对毕业生职场发展重要程度最高的职业能力与职业素养（分别有 83%、67% 的毕业生认为重要）。对此，高校管理者可重点关注农村生源学生在相关能力素养方面的培养和提升情况，以更好地促进其职场发展。

［解读4 ］幼儿与学前教育是教育业需求增长的热点，对毕业生保障方面需给予更多关注

在高职高专毕业生就业量较大的前 10 位行业类中，教育业就业比例连续五届保持上升趋势，从 2013 届的 3.7% 上升到了 2017 届的 6.5%。从具体的行业构成来看，中小学教育机构占比最高，基本稳定在 32% 左右；与此同时幼儿园与学前教育机构的占比上升较快，从 2013 届的 25% 上升到了2017 届的 33%。另外从专业层面来看，高职高专就业于幼儿园与学前教育机构的毕业生中，六成以上来自学前教育专业，该专业 2017 届毕业生的就业率为 96.0%，在高职高专毕业生就业量最大的前 50 位专业中排首位，明显高于教育类专业的平均水平（91.3%），且近几届毕业生的就业率持续上

---

① 国家统计局：《中华人民共和国2017 年国民经济和社会发展统计公报》，2018 年2 月28 日。

升（2014～2016届分别为94.3%、95.1%、95.6%）。由此可见，幼儿与学前教育是教育业对高职高专毕业生需求增长的热点。

从就业状况来看，在幼儿园与学前教育机构就业的高职高专毕业生呈现"就业满意度高、专业相关度高、月收入低"的特点。通过与全国高职高专以及中小学教育机构就业人群平均水平对比来看，2017届就业于幼儿园与学前教育机构的高职高专毕业生就业满意度为73%，比全国高职高专平均水平（65%）高8个百分点，同时比中小学教育机构平均水平（72%）略高；工作与专业相关度为78%，比全国高职高专平均水平（62%）、中小学教育机构平均水平（74%）分别高16个、4个百分点；但月收入仅为2955元，低于全国高职高专平均水平（3860元）较多，同时也低于中小学教育机构平均水平（3346元）。

薪资优势的不足可能是一部分毕业生在中期选择转行的重要原因。数据显示，2014届高职高专毕业后在幼儿园与学前教育机构就业的毕业生中，三年内有26%发生了行业转换，高于毕业后在中小学教育机构就业的毕业生（21%）。随着国家"二胎"政策的深入落实以及普惠性学前教育资源的持续增加，幼儿与学前教育对毕业生的需求仍将进一步增长，如何更好地完善从业者的就业保障，增强幼师队伍的稳定性，将是行业发展需要考虑的问题。

［解读5］创新创业教育需重点加强实践活动

对毕业生的创业效果应从长考量，不能只局限于毕业短期内的创业人群。数据显示，2014届高职高专毕业生半年后自主创业的比例为3.8%，三年后上升到了8.5%，可见毕业中期自主创业人群增长明显。当然值得注意的是，毕业半年后自主创业的2014届高职高专毕业生中，有45.8%在三年后仍在继续创业，即三年内有超过半数的创业人群退出，创业失败的风险不容忽视。引导学生创新创业，需更好地关注其创新创业精神与能力的培养和提升，这也要求高校创新创业教育提升水平。

从创新创业教育的现状来看，2017届高职高专毕业生接受比例最高的创新创业教育是创业教学课程（44%），其次是创业辅导活动（41%），而对创业实践活动（34%）、创业竞赛活动（14%）的接受比例仍相对较低；与此同时，高职高专毕业生对实践活动的改进需求较为普遍，2017届有超过半数（52%）认为"创新创业实践类活动不足"。通过数据检验，在各类创新创业教育中，创业竞赛活动、创业实践活动对毕业生创新能力的影响均较为显著，2017届高职高专接受过这两项创新创业教育的毕业生创新能力满足度（分别为87%、86%）相对较高（高职高专平均水平为84%）。对此，创新创业教育的开展需重点加强相关的实践活动。

［解读6］工科大类①专业培养需在强化课程与实践教学的同时，进一步激发学生主动性

创新驱动发展对工科类人才提出了更高要求。但值得注意的是，工科大类高职高专毕业生的工作与专业相关度呈现下降趋势，从2013届的62%下降到了2017届的58%，与非工科大类专业（从2013届的62%上升到了2017届的64%）相比差距逐渐扩大；从不同类型院校来看，优质工科高职院校②工科大类毕业生的工作与专业相关度（2017届61%）高于其他高职院校（2017届56%）。这在一定程度上反映出部分院校工科大类专业人才培养与产业发展要求相比依然存在不匹配的地方，培养过程仍有待进一步完善。

通过因果分析发现，课程培养以及实习实践效果是影响工科大类专业毕业生工作与专业相关度的关键因素，而优质工科高职院校与其他高职院校在课程教学与实习实践方面存在明显差异：在课程教学方面，基于麦可思2016～2017年学生成长评价可知，优质工科高职院校课程教学内容的实用性更强，且教师对实践性教学更为重视，学生认为课程注重实践与理论结合、注重动手能力培养以及教师注重实践教学的比例（分别为94%、93%、88%）均高于其他高职院校（分别为91%、88%、83%）；在实习实践方

---

① 包含材料与能源、电子信息、交通运输、轻纺食品、水利、土建、制造、资源开发与测绘八大类的高职高专专业。

② 优质高职院校中的工科特色院校。

面，优质工科高职院校实践教学开展效果更为突出，学生对实习实践的满意度（87%）更高（其他高职院校为83%），且校企合作的比例[①]（39%）也高于其他高职院校（32%）。

另外，学习主动性也是影响课程教学效果，进而影响工作与专业相关度的重要因素，而优质工科高职院校学生在学习主动性方面表现更好（详细内容见本报告的专题分析），这对其专业相关度的提升以及长远的职业发展均具有积极的促进作用：通过对2006届、2007届大学毕业生十年后的跟踪评价可知，持续学习能力是对毕业生职场发展重要程度最高的职业能力（有83%的毕业生认为重要），且受在校经历的影响最为持久（77%的毕业生认为在校经历对其有影响）。为更好地助力产业升级与发展，工科大类专业在校培养需进一步强化课程教学与实习实践，并加强学生学习主动性与终身学习意识的养成，对于部分院校更需重点关注工科大类毕业生的培养效果。

［解读7］制造业转型升级为毕业生带来新的机遇，编程能力与工程素养提升是关键

在制造业面临较大转型升级压力的情况下，高职高专毕业生在制造业就业的比例整体呈下降趋势，从2013届的28.3%下降到了2017届的21.1%。但与此同时，伴随着智能制造的发展，越来越多的制造业企业"机器换人"进程加速，信息技术相关人才需求上升，毕业生在制造业就业也拥有着全新的机遇。数据显示，在制造业就业的高职高专毕业生中，从事机械、仪器仪表操作以及电气、电子加工技术类职业的占比最高（2017届22.4%），但与以往相比呈现下降趋势（比2013届的26.5%低了4.1个百分点）；而与此同时，从事"计算机与数据处理"以及"互联网开发及应用"类职业的比例呈现上升趋势，从2013届的3.3%上升到了2017届的5.5%。可见制造业相关岗位的信息化程度逐渐提高。

从制造业下属的行业来看，信息技术相关职业占比最高的是电子电气仪

---

① 基于麦可思2016～2018年用人单位跟踪评价。

器设备及电脑制造业（11.2%），其次是纺织皮革及成品加工业（7.8%），均属于劳动密集型制造业；另外从就业区域分布来看，在制造业从事信息技术相关工作的高职高专毕业生中，有六成以上（63%）集中在珠三角和长三角地区，均为劳动密集型制造业集中的地区。可见信息技术对传统劳动密集型制造业的改造效果已有所显现。

当然，面对"机器换人"所带来的全新机遇，毕业生也需要有针对性地补齐能力"短板"，以更好地适应制造业发展的要求。从 35 项基本工作能力来看，2017 届高职高专毕业生认为电脑编程能力的重要度（74%）最高，但其满足度（63%）却最低。对此，高校管理者需在完善信息技术相关专业人才培养的同时，更加注重对其他专业的信息技术"扫盲"，以进一步促进毕业生电脑编程能力的提升。

此外，制造业的持续发展需要工匠精神的弘扬，而开拓创新是工匠精神的重要内涵。从在校期间工程类素养提升情况来看，2017 届高职高专工程类毕业生在"团队合作"方面得到提升的比例（65%）较高，在"开拓创新"方面得到提升的比例（44%）仍相对较低，这也需要高校管理者在培养过程中有针对性地强化。

［解读8］医药卫生大类专业在职业成熟度[①]、职业素养的培养上需更侧重基层医疗领域

卫生与健康事业的发展面临着全面两孩、社会老龄化等因素带来的挑战，医药卫生类人才培养需要持续完善以适应行业发展要求。值得注意的是，医药卫生大类高职高专毕业生的就业满意度增长缓慢，特别是中期的就业满意度与非医药卫生大类相比优势有所缩小（详细内容见本报告专题分析）。从主要专业来看，护理类专业毕业生三年后的就业满意度最高（2014届70%），临床医学类专业最低（2014届57%），这需要在培养过程中实施

---

① 指学生在职业生涯发展任务上的心理准备程度，从学生的职业规划和目标、职业自信等方面来衡量。

干预和调整。通过因果分析发现，职业成熟度与职业素养是影响临床医学类专业毕业生三年后就业满意度的关键因素，职业成熟度越高，对职业发展路径越清晰，就业满意度会越高；同时因职业的特殊性，良好的职业素养（特别是学习观念和沟通意识）有助于毕业生中期乃至十年后的发展，也有助于就业满意度的提升。

从毕业生就业医院的级别来看，在三级医院就业的临床医学类毕业生职业目标和规划更为清晰，职业素养满足度更高（详细内容见本报告专题分析）；与之相对应的，毕业生三年后的就业满意度（2014 届 62%）高于在一级、二级医院就业毕业生（2014 届 53%）。另外，学历的提升也有利于就业感受的改善（临床医学类专业中有过学历提升人群的就业满意度为62%，学历未提升人群为 52%）。为更好地服务于卫生与健康事业（特别是基层医疗卫生领域），医药卫生大类专业在校培养需更注重临床医学类专业学生职业成熟度与职业素养的提升，同时也需注重完善专本衔接工作以满足部分毕业生学历提升的需要。

分报告一　应届毕业生就业报告

第一章　就业结果

一　毕业去向

（一）总体毕业去向分布

1. 在 2017 届大学毕业生中，有 78.7% 的人毕业半年后受雇全职或半职工作，2.9% 的人自主创业，0.4% 的人入伍；有 10.8% 的人升学，其中7.0% 正在国内读研，1.1% 正在港澳台及国外读研，2.7% 正在读本科；有7.2% 的人处于失业状态，其中 1.4% 准备国内外读研，3.4% 准备继续寻找工作，还有 2.4% 放弃了继续求职和求学。

2. 2017 届大学生毕业半年后"受雇全职工作"的比例（77.1%）与2016 届、2015 届（分别为 77.3%、77.4%）基本持平；"自主创业"的比例（2.9%）与2016届、2015届（均为3.0%）基本持平；"正在读研/读本"的比例（10.8%）略高于2016届、2015届（分别为10.3%、10.1%）；"无工作，继续寻找工作"的比例（3.4%）略低于2016届、2015届（分别为4.0%、3.9%）。

3. 2017届高职高专毕业生半年后"受雇全职工作"的比例（80.8%）与2016届（80.7%）基本持平，与2015届（80.5%）相比略高；"自主创业"的比例（3.8%）与2016届、2015届（均为3.9%）基本持平；"毕业后读本科"的比例（5.4%）与2016届、2015届（分别为4.9%、4.7%）相比有所提升，连续三届呈上升趋势。

（二）就业地分布

2017届高职高专毕业生半年后就业区域主要集中在泛长江三角洲区域（包括上海、江苏、浙江、江西、安徽），占22.9%；泛珠江三角洲区域（包括广东、广西、福建、海南），占21.5%；泛渤海湾区域（包括北京、天津、山东、河北、内蒙古、山西），占20.6%。

（三）就业城市类型

2017届大学生毕业半年后有15%在直辖市就业，27%在副省级城市就业，58%在地级城市及以下就业。其中本科毕业生在直辖市就业的比例比高职高专毕业生高8个百分点（分别为19%和11%）。大学毕业生连续三届就业的城市类型分布比较稳定。

二 就业数量

（一）总体就业率

1. 2017届大学生毕业半年后的就业率（91.9%）与2016届、2015届（分别为91.6%、91.7%）基本持平。其中，本科院校2017届毕业生半年后的就业率为91.6%，与2016届（91.8%）基本持平，比2015届（92.2%）略低；高职高专院校2017届毕业生半年后的就业率为92.1%，比2016届、2015届（分别为91.5%、91.2%）略高。从近三届的趋势可以看出，大学毕业生半年后就业率呈现稳定态势。

2. 2017届泛珠江三角洲区域经济体高职高专院校毕业生半年后的就业

率最高（94.5%），西部生态经济区最低（85.4%）。

（二）专业分析

1. 2017届高职高专毕业生半年后就业率最高的专业大类是生化与药品大类（93.5%），最低的是资源开发与测绘大类（88.7%）。从三届的就业率变化趋势可以看出，高职高专专业大类中的公共事业大类、材料与能源大类、制造大类、土建大类、艺术设计传媒大类毕业生毕业半年后就业率持续上升。

2. 2017届高职高专毕业生半年后就业率排前三位的专业是高压输配电线路施工运行与维护（96.7%）、学前教育（96.0%）、电气化铁道技术（96.0%）。

（三）职业分析

1. 2017届高职高专毕业生半年后从事最多的职业类是"财务/审计/税务/统计"（9.0%），其次是"销售"（8.9%）。与2015届相比，2017届高职高专毕业生就业比例增加较多的职业类为"媒体/出版"（增加了1.3个百分点）；就业比例降低较多的职业类为"财务/审计/税务/统计"（降低了1.8个百分点）、"销售"（降低了1.7个百分点）。

2. 从三届的就业趋势中可以看出，在就业比例较大的职业类中，高职高专毕业生从事"建筑工程"、"医疗保健/紧急救助"和"金融（银行/基金/证券/期货/理财)"职业类的比例逐届增加，从事"财务/审计/税务/统计"职业类的比例逐届降低。

（四）行业分析

1. 2017届高职高专毕业生半年后就业最多的行业类是"建筑业"（12.5%），其后是"医疗和社会护理服务业"（7.7%）、"金融（银行/保险/证券）业"（6.6%）。与2015届相比，2017届高职高专毕业生就业比例增加最多的行业类为"教育业"（增加了0.9个百分点）；就业比例降低最多的行业类是"金融（银行/保险/证券）业"（降低了1.0个百分点）。

2. 从三届的就业趋势可以看出，在就业比例排名前十位的行业类中，高职高专毕业生在"建筑业"、"医疗和社会护理服务业"、"教育业"、"各

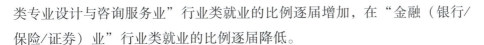

类专业设计与咨询服务业"行业类就业的比例逐届增加,在"金融(银行/保险/证券)业"行业类就业的比例逐届降低。

(五)用人单位分析

1. "民营企业/个体"(60%)是2017届大学毕业生就业最多的用人单位类型,本科院校中有53%的毕业生就业于"民营企业/个体",高职高专院校中有67%的毕业生就业于"民营企业/个体"。

2. 2017届大学毕业生就业比例最高的用人单位规模是300人及以下规模的中小型用人单位(55%),其中本科毕业生这一比例为51%,高职高专毕业生为60%。

三 就业质量

(一)就业满意度

1. 2017届大学毕业生的就业满意度为67%,比2016届(65%)高2个百分点。其中,本科院校2017届毕业生的就业满意度为68%,比2016届(66%)高2个百分点;高职高专院校2017届毕业生的就业满意度为65%,比2016届(63%)高2个百分点。

2. 2017届高职高专毕业生对就业现状不满意的主要原因是"收入低"(65%)、"发展空间不够"(55%)。

3. 在2017届高职高专专业大类中,就业满意度最高的是文化教育大类(68%),最低的是资源开发与测绘大类(60%)。

4. 2017届高职高专毕业生半年后就业满意度最高的职业是"航空乘务员"(87%),最低的职业是"搬运工(不包括机器操作人员)"(34%)。

5. 2017届高职高专毕业生半年后就业满意度最高的行业是"铁路运输业"(85%),最低的行业是"音频和视频设备制造业"(52%)。

6. 2017届高职高专毕业生半年后在"政府机构/科研或其他事业单位"的就业满意度最高(72%),在"民营企业/个体"、"非政府或非营利组织(NGO等)"的就业满意度最低(均为63%)。

7. 2017届高职高专毕业生半年后在泛长江三角洲区域经济体、泛渤海湾区域经济体的就业满意度最高(均为67%)。

（二）职业期待吻合度

1. 2017届大学毕业生工作与职业期待的吻合度为49%，与2016届（48%）基本持平。其中，本科和高职高专院校2017届毕业生工作与职业期待的吻合度分别为52%、46%，均与2016届（分别为51%、45%）基本持平。

2. 2017届认为工作与职业期待不吻合的高职高专毕业生中，有30%的人认为是"不符合自己的职业发展规划"，其次是"不符合自己的兴趣爱好"（23%）。

3. 在2017届高职高专专业大类中，毕业生半年后职业期待吻合度最高的是医药卫生大类、文化教育大类（均为54%），最低的是资源开发与测绘大类（38%）。

（三）薪资分析

1. 2017届大学毕业生的月收入（4317元）比2016届（3988元）增长了329元，比2015届（3726元）增长了591元。其中，本科院校2017届毕业生的月收入（4774元）比2016届（4376元）增长了398元，比2015届（4042元）增长了732元；高职高专院校2017届毕业生的月收入（3860元）比2016届（3599元）增长了261元，比2015届（3409元）增长了451元。从近三届的趋势可以看出，大学毕业生半年后月收入呈现上升趋势。

2. 2017届高职高专毕业生月收入在6000元以上的比例为9.1%，比2016届（7.0%）高2.1个百分点；月收入在1500元以下的比例为1.4%，低于2016届（2.0%）。

3. 在2017届高职高专专业大类中，毕业生毕业半年后月收入最高的是交通运输大类（4319元），最低的是文化教育大类（3418元）。

4. 2017届高职高专毕业生半年后月收入最高的职业类是"经营管理"（4818元），其后是"房地产经营"（4665元）、"航空机械/电子"（4625元）。

5. 2017届高职高专毕业生半年后月收入最高的行业类为"运输业"

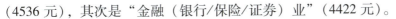

（4536 元），其次是"金融（银行/保险/证券）业"（4422 元）。

6. 2017 届高职高专毕业生半年后在"国有企业"单位就业的人群月收入最高（4201 元）；与 2016 届相比，2017 届高职高专毕业生在各类型用人单位就业的月收入均有所上升。

7. 2017 届高职高专毕业生在"3000 人以上"规模的大型用人单位就业的月收入最高（4489 元）；与 2016 届相比，2017 届高职高专毕业生在各规模用人单位就业的月收入均有所上升。

8. 2017 届高职高专毕业生半年后在泛长江三角洲区域经济体就业的月收入最高，为 4191 元。

（四）工作与专业相关度

1. 2017 届大学毕业生的工作与专业相关度为 66%，与 2016 届（66%）持平。其中，本科和高职高专院校 2017 届毕业生的工作与专业相关度分别为 71%、62%，均与 2016 届（分别为 70%、62%）基本持平。

2. 2017 届高职高专毕业生选择与专业无关工作的主要原因是"专业工作不符合自己的职业期待"（30%）、"迫于现实先就业再择业"（27%）。

3. 在 2017 届高职高专专业大类中，专业相关度最高的是医药卫生大类（90%），其次是材料与能源大类（70%），最低的是旅游大类（49%）。

（五）离职率

1. 2017 届大学毕业生毕业半年内的离职率为 33%，与 2016 届（34%）基本持平。其中，本科和高职高专院校 2017 届毕业生毕业半年内的离职率分别为 23%、42%，与 2016 届（分别为 24%、43%）基本持平。

2. 在 2017 届高职高专专业大类中，医药卫生大类半年内的离职率最低（22%），艺术设计传媒大类半年内的离职率最高（53%）。

3. 2017 届高职高专毕业生半年内离职的人群有 99% 发生过主动离职，主动离职的主要原因是"薪资福利偏低"（47%）、"个人发展空间不够"（46%）。

（六）专业预警

1. 2018 年高职高专就业红牌专业包括：法律事务、汉语、食品营养与检测、初等教育、语文教育；黄牌专业包括：图形图像制作、会计电算化、影视动画、财务管理。以上专业部分与 2017 年的红黄牌专业相同，属于失业量较大，就业率、薪资和就业满意度综合较低的高失业风险型专业，这些专业具有持续性。

2. 2018 年高职高专就业绿牌专业包括：社会体育、市场营销、信息安全技术、软件技术、电气化铁道技术、电力系统自动化技术。以上专业部分与 2017 年的绿牌专业相同，属于失业量较小，就业率、薪资和就业满意度综合较高的需求增长型专业。

3. 出现红、黄牌专业的原因既可能是供大于求，也可能是培养质量达不到岗位需求，而这是导致大学毕业生找不到工作与企业招不到人才的原因之一。专业预警分析可以引导政府和高校主动调整学科专业设置，提高人才培养质量，增强高等教育的人才培养对社会需求的质与量的敏感度和反应性，从而更好地建立与社会需求相适应的专业结构。

第二章　自主创业

（一）自主创业比例

1. 2017 届大学毕业生自主创业的比例为 2.9%，与 2016 届、2015 届（均为 3.0%）基本持平。2017 届高职高专毕业生半年后自主创业的比例（3.8%）高于本科毕业生（1.9%）。从近三届的趋势可以看出，大学毕业生自主创业的比例呈现平稳态势。

2. 2017 届高职高专毕业生自主创业比例最高的就业经济区域为中原区域经济体（4.9%）。

（二）创业人群分布

1. 2014 届大学生毕业半年后有 2.9% 的人自主创业（本科为 2.0%，高职高专为 3.8%），三年后有 6.3% 的人自主创业（本科为 4.1%，高职高专为 8.5%），说明有更多的毕业生在毕业三年内选择了自主创业。

2. 毕业半年后自主创业的 2014 届高职高专毕业生中有 45.8% 的人三年后还在继续自主创业，比 2013 届（46.8%）略低；有 49.2% 的人选择了受雇工作，比2013届（47.7%）略高。

（三）创业职业、行业分布

1. 2017届高职高专毕业生半年后自主创业主要集中在销售类职业（13.1%）；2014届高职高专毕业生三年后自主创业也主要集中在销售类职业（14.7%）。

2. 2017届高职高专毕业生半年后自主创业主要集中在零售商业（12.3%）；2014届高职高专毕业生三年后自主创业也主要集中在零售商业（15.4%）。

（四）自主创业月收入

1. 2017届高职高专毕业生半年后自主创业人群的月收入为4880元，比2017届高职高专毕业生半年后平均月收入（3860元）高1020元。

2. 2014届高职高专毕业生半年后自主创业人群的月收入为4349元，三年后为9397元，涨幅比例为116%，明显高于2014届高职高专毕业生平均水平（半年后为3200元、三年后为5636元，涨幅为76%）。

（五）自主创业动机

创业理想是2017届高职高专毕业生自主创业最重要的动力（41%），选择自主创业的毕业生中，绝大多数（84%）属于"机会型创业"[①]，只有7%属于"生存型创业"。

（六）自主创业资金来源

2017届高职高专毕业生自主创业的资金主要依靠父母/亲友投资或借贷和个人积蓄（72%），而来自政府资助（4%）、商业性风险投资（2%）的比例均较小。

（七）自主创业风险

2017届高职高专毕业生自主创业的主要风险因素为缺少资金（32%），

---

① 机会型创业指的是为了抓住和充分利用市场机会而进行的创业；生存型创业指的是创业者因找不到合适的工作而进行的创业。该理论由全球创业观察（Global Entrepreneurship Monitor）2001年报告首次提出。其中，机会型创业包括：理想就是成为创业者、有好的创业项目、受他人邀请加入创业、未来收入高；生存型创业包括：未找到合适的工作。

其后是缺乏企业管理经验（24%）、市场推广困难（18%）。

（八）创新能力

2017届大学毕业生毕业时的创新能力水平为56%（本科为57%，高职高专为54%），毕业生创新能力的满足度为84%（本科、高职高专均为84%）。

（九）创业教育

1. 2017届高职高专自主创业的毕业生认为对创业最有帮助的活动为"假期实习/课外兼职"（36%）。

2. 2017届高职高专毕业生接受母校提供的创新创业教育主要是创业教学课程、创业辅导活动、创业实践活动（分别为44%、41%、34%），其有效性分别为65%、69%、78%。

3. 2017届高职高专毕业生认为创新创业教育最需要改进的地方是"创新创业实践类活动不足"（52%），其后是"创新创业教育课程缺乏"（40%）、"教学方法不适用于创新创业教育"（35%）。

第三章　专升本

（一）读本科的比例

2017届高职高专毕业生毕业后有5.4%选择了读本科，高职高专毕业生读本科比例最高的专业大类是文化教育大类（7.6%），最低的专业大类是资源开发与测绘大类（2.9%）。

（二）读本科的原因

2017届高职高专毕业生选择读本科的主要的原因是想去更好的大学（30%）、职业发展需要（26%）和就业前景好（25%）。

第四章　未就业分析

（一）失业率

1. 2017届大学生毕业半年后的失业率（8.1%）与2016届、2015届（分别为8.4%、8.3%）基本持平。其中，本科院校2017届毕业生的失业率（8.4%）与 2016 届（8.2%）基本持平，比 2015 届（7.8%）略高；高职高专院校 2017 届毕业生的失业率（7.9%）比 2016 届、2015 届（分别8.5%、8.8%）略低。从近三届的趋势可以看出，大学毕业生半年后失业率呈现平稳态势。

2. 2017 届高职高专失业率最高的专业为初等教育（13.9%）。

（二）未就业人群分布

在 2017 届大学毕业生的未就业人群中，大多数毕业生还在继续找工作。本科院校处于未就业状态的毕业生（7.0%）中有 24% 为"待定族"（不求学不求职），高职高专院校处于未就业状态的毕业生（7.5%）中有 43% 为"待定族"。

（三）未就业人群打算

在 2017 届本科院校毕业半年后的"待定族"中，有 41% 的毕业生在准备公务员考试，有 7% 的毕业生准备创业。在高职高专院校毕业半年后的"待定族"中，有 14% 的毕业生准备创业，有 13% 的毕业生在准备公务员考试。

分报告二 职业发展报告

第一章 职位晋升

（一）职位晋升比例和次数

1. 2014 届大学生毕业三年内有 58% 的人获得职位晋升，与 2013 届（57%）基本持平。其中，本科这一比例为 56%，略高于 2013 届（54%）；高职高专这一比例为 61%，与 2013 届（60%）基本持平。

2. 2014 届大学生毕业三年内平均获得职位晋升 1.0 次，略高于 2013 届（0.9 次）。其中，本科为 0.9 次，略高于 2013 届（0.8 次）；高职高专毕业生为 1.0 次，与 2013 届（1.0 次）持平。

3. 2014 届高职高专旅游大类毕业生三年内获得职位晋升的比例最高

（69%）、晋升的次数较多（1.2 次），医药卫生大类最低（39%）、晋升的次数最少（0.6 次）。

4. 2014 届高职高专从事"经营管理"职业类的毕业生三年内获得职位晋升的比例最高（85%）、晋升的次数最多（2.0 次）；从事"医疗保健/紧急救助"职业类的毕业生三年内获得职位晋升的比例最低（35%）、晋升的次数较少（0.6 次）。

5. 2014 届高职高专在"住宿和饮食业"就业的毕业生三年内获得职位晋升的比例最高（75%）、晋升的次数最多（1.5 次）；在"政府及公共管理"就业的毕业生三年内获得职位晋升的比例最低（39%）、晋升的次数最少（0.6 次）。

（二）职位晋升的类型

1. 2014 届高职高专毕业生职位晋升的类型主要是薪资的增加（74%）、工作职责的增加（69%）。

2. 2006 届、2007 届大学毕业生十年后有 58% 从事管理岗，有 42% 从事技术岗；从职务来看，有 9% 处于高管层，有 51% 处于中管层。大学毕业生毕业十年后已普遍成为职场"中坚"力量。

（三）对职位晋升有帮助的大学活动

1. 2014 届高职高专毕业生认为对职位晋升有帮助的大学活动主要是扩大社会人脉关系（40%），其后是假期实习/课外兼职（35%）、课上所学的知识和技能（33%）、课下自学的知识和技能（含培训）（32%）等。

2. 2006 届、2007 届大学毕业生认为对职位晋升有帮助的因素主要是工作表现（79%）、工作经验（71%）。

第二章　薪资增长

（一）总体月收入与涨幅

1. 2014 届大学生毕业三年后平均月收入为 6341 元（本科为 7045 元，高职高专为 5636 元）。2014 届毕业生半年后的月收入为 3487 元（本科为 3773 元，高职高专为 3200 元），三年来月收入增长了 2854 元，涨幅为

82%。其中，本科增长了 3272 元，涨幅为 87%；高职高专增长了 2436 元，涨幅为 76%。

2. 2014 届高职高专毕业生三年后有 10.8% 的人月收入在 10000 元及以上，有 7.8% 的人月收入在 3000 元以下。

3. 2014 届本科生毕业三年后学历提升为硕士的比例为 17.3%，高职高专生毕业三年后学历提升为本科的比例为 31.0%。2014 届大学毕业生毕业三年后学历提升人群的月收入为 6260 元，略低于学历一直未提升人群的月收入（6377 元）。其中，本科毕业三年后学历为硕士人群的月收入为 7004元，学历仍然为本科人群的月收入为 7057 元；高职高专毕业三年后学历为本科人群的月收入为 5516 元，学历仍然为高职高专人群的月收入为 5696元。提升学历人群可能因毕业时间短还不能体现学历提升带来的更大的教育回报。

（二）主要专业的月收入与涨幅

2014 届高职高专专业大类中三年后月收入最高的是电子信息大类，为6491 元，高出该专业大类半年后月收入（3439 元）3052 元；三年后月收入最低的是文化教育大类，为 5033 元，高出该专业大类半年后月收入（3065元）1968 元。

（三）主要职业的月收入与涨幅

2014 届高职高专毕业生三年后从事"经营管理"职业类的月收入最高，为 7608 元，高出半年后从事该职业类的高职高专毕业生月收入（3763 元）3845 元；三年后月收入最低的是从事"社区工作者"职业类的高职高专毕业生，为 4076 元，高出半年后从事该职业类的高职高专毕业生月收入（2669 元）1407 元。

（四）主要行业的月收入与涨幅

2014 届高职高专毕业生三年后在"金融（银行/保险/证券）业"就业的毕业生月收入最高，为 7145 元，高出半年后在该行业类就业的毕业生月收入（3720 元）3425 元；三年后月收入最低的是就业于"行政、商业和环境保护辅助业"的高职高专毕业生，为 4638 元，高出半年后在该行业类就

업業的毕业生月收入（2863元）1775元。

（五）各用人单位类型的月收入与涨幅

1. 2014届高职高专毕业生三年后在"民营企业/个体"就业的月收入最高（5871元），月收入涨幅比例也最大，为86%。

2. 2014届高职高专毕业生三年后在3000人以上规模的大型用人单位就业的月收入最高（6296元）。

（六）各经济区域的月收入与涨幅

2014届高职高专毕业生三年后在泛长江三角洲区域经济体就业的月收入最高（6244元），增长了2875元，涨幅为85%；在东北区域经济体就业的高职高专毕业生三年后月收入最低（5067元），增长2136元，涨幅为73%。

第三章　职业变迁

（一）去向分布

2014届大学生毕业三年后有85.5%受雇工作（本科为86.4%，高职高专为84.7%），6.3%的人自主创业（本科为4.1%，高职高专为8.5%），3.7%的人正在读研（本科为6.8%，高职高专为0.6%），1.9%的人"无工作，继续寻找工作"（本科为1.3%，高职高专为2.4%），还有2.4%的人无工作，且既没有求职也没有求学（本科为1.4%，高职高专为3.5%），有0.3%的高职高专毕业生正在读本科。

（二）职业转换

1. 有40%的2014届大学生毕业三年内转换了职业（本科为31%，高职高专为49%），与2013届三年内该指标（40%）持平。

2. 在2014届高职高专各专业大类中，旅游大类的毕业生三年内的职业转换率最高（63%），其次是艺术设计传媒大类（59%），医药卫生大类的职业转换率最低（28%）。

3. 在2014届高职高专毕业生三年内转换过的职业类中，被转入最多的职业是"销售"（9.4%），其次是"建筑工程"（8.9%）。

034

（三）行业转换

1. 有43%的2014届大学生在毕业三年内转换了行业（本科为35%，高职高专为51%），与2013届三年内该指标（44%）基本持平。

2. 在2014届高职高专各专业大类中，旅游大类的毕业生三年内的行业转换率最高（62%），医药卫生大类的行业转换率最低（28%）。

3. 2014届高职高专毕业生三年内转换行业中被转入最多的行业类是"建筑业"（9.9%），其后是"金融（银行/保险/证券）业"（8.5%）、"零售商业"（8.2%）。

（四）工作与专业相关度

1. 2014届大学生毕业三年后的工作与专业相关度为61%，比2014届半年后（66%）低5个百分点，与2013届三年后（61%）持平。其中，本科三年后的工作与专业相关度为65%，比半年后（69%）低4个百分点；高职高专三年后的工作与专业相关度为56%，比半年后（62%）低6个百分点。

2. 在高职高专各专业大类中，三年后工作与专业相关度最高的是医药卫生大类（88%），最低的是旅游大类（35%）。

（五）雇主数

1. 2014届大学毕业生毕业三年内平均为2.2个雇主工作过，与2013届（2.2个）持平。其中本科毕业生的平均雇主数为2.0个，低于高职高专毕业生的平均雇主数（2.4个）。

2. 2014届高职高专艺术设计类毕业生三年内的平均雇主数最多（2.8个），护理类毕业生三年内的平均雇主数最少（1.8个）。

3. 高职高专毕业生更换雇主较频繁，仅有24%的高职高专毕业生三年内一直为1个雇主工作，而雇主数为4个及以上的高职高专毕业生达到了15%。

第四章　就业满意度

（一）总体就业满意度

2014届大学生毕业三年后的就业满意度为66%，即在就业的毕业生中，

有 66% 对自己的就业现状表示满意（本科为 68%，高职高专为 64%），比 2013 届该指标（63%）增长了 3 个百分点。

（二）主要专业的就业满意度

2014 届高职高专毕业生三年后就业满意度最高的专业大类是文化教育大类（71%），就业满意度最低的专业大类是资源开发与测绘大类（55%）。

（三）主要职业的就业满意度

2014 届高职高专毕业生三年后就业满意度最高的职业类是"中小学教育"和"经营管理"（均为 74%），就业满意度最低的职业类是"矿山/石油"（49%）。

（四）主要行业的就业满意度

2014 届高职高专毕业生三年后就业满意度最高的行业类是"教育业"（71%），就业满意度最低的行业类是"矿业"（47%）。

（五）各用人单位类型的就业满意度

2014 届高职高专毕业生三年后就业满意度最高的用人单位类型是"政府机构/科研或其他事业单位"（71%），就业满意度最低的用人单位类型是"民营企业/个体"（61%）。

分报告三　培养质量报告

第一章　总体满意度

（一）对母校总体满意度

1. 2017 届大学毕业生对母校的总体满意度为 92%，比 2016 届（90%）高 2 个百分点，比 2015 届（89%）高 3 个百分点。其中，本科院校总体满意度为 93%，比 2016 届、2015 届（均为 91%）高 2 个百分点；高职高专院校总体满意度为 90%，与 2016 届（89%）基本持平，比 2015 届（88%）高 2 个百分点。从近三届的趋势可以看出，大学毕业生对母校的总体满意度呈现上升趋势。

2. 泛长江三角洲区域经济体的2017届高职高专毕业生对母校的总体满意度最高（92%）。

3. 2017届大学毕业生对母校学生工作的满意度为86%，比2016届（84%）高2个百分点。其中，本科、高职高专院校2017届毕业生对母校学生工作的满意度均为86%，比2016届（均为84%）均高2个百分点。

4. 2017届高职高专毕业生认为母校的学生工作需要改进的地方是"与辅导员或班主任接触时间太少"（46%），其后是"学生社团活动组织不够好"（38%）、"解决学生问题不及时"（31%）。

5. 2017届大学毕业生对母校生活服务的满意度为87%，比2016届（85%）高2个百分点。其中，本科院校2017届毕业生对母校生活服务的满意度为88%，比2016届（86%）高2个百分点；高职高专院校2017届毕业生对母校的生活服务满意度为86%，比2016届（84%）高2个百分点。

6. 2017届高职高专毕业生认为母校的生活服务需要改进的地方是"食堂饭菜质量及服务不够好"（37%），其后是"宿舍服务不够好"（36%）、"学校洗浴服务不够好"（34%）、"学校医院或医务室服务不够好"（29%）、"教室设备与服务不够好"（26%）。

（二）对母校的推荐度

2017届大学毕业生对母校的推荐度为66%，与2016届、2015届（分别为66%、65%）基本持平。其中，本科院校毕业生对母校的推荐度为69%，与2016届（68%）基本持平，比2015届（67%）高2个百分点；高职高专院校为64%，与2016届、2015届（分别为64%、63%）基本持平。从近三届的趋势可以看出，大学毕业生对母校的推荐度保持基本稳定。

第二章　教学满意度

（一）教学满意度

2017届大学毕业生对母校教学的满意度为89%，与2016届（88%）基本持平。其中，本科院校2017届毕业生对母校教学的满意度为88%，与

2016届（87%）基本持平；高职高专院校2017届毕业生对母校的教学满意度为90%，与2016届（89%）基本持平。

（二）教学需改进的方面

2017届高职高专毕业生认为母校的教学最需要改进的地方为"实习和实践环节不够"（60%），其次为"无法调动学生学习兴趣"（47%）。

（三）核心课程评价

1. 2017届毕业生的核心课程重要度评价为82%，其中，本科为81%，高职高专为82%。2017届毕业生的核心课程满足度评价为74%，其中，本科为73%，高职高专为75%。

2. 在2017届高职高专各专业大类中，医药卫生大类核心课程的重要度评价（95%）最高，其满足度（81%）也最高。

（四）师生交流频度

1. 2017届有53%的毕业生与任课教师"每周至少一次"或"每月至少一次"课下交流。其中，本科毕业生中有23%与任课教师"每周至少一次"课下交流，低于高职高专毕业生（35%）。

2. 在2017届高职高专各专业大类中，与任课教师"每周至少一次"或"每月至少一次"课下交流程度较高的是农林牧渔大类、艺术设计传媒大类（均为68%），较低的是医药卫生大类、财经大类（均为52%）。

第三章　教与学的行为分析

（一）到课率

1. 大学在校生到课率为91%。其中，本科院校、高职高专院校到课率持平（均为91%）。

2. 本科院校在校生周一的到课率最高（92%），其余四天均在90%左右；高职高专院校在校生周一至周五的到课率保持在90%或91%。

3. 大学在校生早课到课率较高（本科93%，高职高专92%），晚课到课率较低（本科84%，高职高专88%）。

（二）课堂互动

1. 有 32% 的高校教师每次上课都提问，有 11% 的高校教师经常提问，有 11% 的高校教师偶尔提问，还有 46% 的高校教师从不提问；本科院校教师提问的频率低于高职高专院校教师。

2. 有 7% 的高校教师每次上课都测验，有 9% 的高校教师经常测验，有 15% 的高校教师偶尔测验，还有 69% 的高校教师从不测验；本科院校教师课堂发起测验的频率与高职高专院校教师基本持平。

3. 大学在校生课堂测验的参与率为 84%，答案的正确率为 67%；本科院校在校生的参与率和正确率均高于高职高专院校在校生。

（三）学习行为预警

有 3.4% 的大学在校生因为旷课收到预警（本科 3.4%，高职高专 3.3%），有 5.8% 的大学在校生因为不参与课堂测验收到预警（本科 4.8%，高职高专 6.7%），有 1.7% 的大学在校生因为不交作业收到预警（本科 1.3%，高职高专 2.1%）。

第四章　能力、知识和素养提升

（一）基本工作能力评价

2017 届大学毕业生毕业时的基本工作能力水平为 55%（其中本科为 57%，高职高专为 54%），基本工作能力满足度为 84%。2017 届高职高专毕业生在理解交流能力中最重要的是有效的口头沟通、理解他人、积极学习能力（重要度均为 66%），其满足度分别为 88%、91%、88%；科学思维能力中最重要的是科学分析能力（重要度为 63%），其满足度为 85%；管理能力中最重要的是说服他人、谈判技能（重要度均为 68%），其满足度分别为 79%、86%；应用分析能力中最重要的是疑难排解能力（重要度为 66%），其满足度为 83%；动手能力中最重要的是电脑编程能力（重要度为 74%），其满足度为 63%。

（二）核心知识评价

2017 届大学毕业生毕业时掌握的核心知识水平为 52%（其中本科为

52%，高职高专为51%），核心知识满足度为84%（其中本科为84%，高职高专为83%）。2017届高职高专毕业生最重要的核心知识是营销与沟通知识（重要度为61%），其满足度较低（79%）。

（三）社团活动评价

2017届高职高专毕业生在校期间参与度最高的社团活动为"公益类"（26%），其次为"体育户外类"（20%）；有27%的高职高专毕业生没有参加任何社团活动。在对参加的各类社团活动进行评价时，2017届高职高专毕业生满意度最高的活动为"公益类"（91%）。

（四）在校素养提升

1. 2017届高职高专工程类专业毕业生认为在校期间大学对自己素养提升较高的方面为"人生的乐观态度"（66%）、"团队合作"（65%）、"积极努力、追求上进"（64%）；此外，还有4%的高职高专工程类专业毕业生认为大学对素养的提升没有任何帮助。

2. 2017届高职高专艺术类专业毕业生认为在校期间大学对自己素养提升较高的方面为"艺术修养"（64%）、"人生的乐观态度"（61%）、"积极努力、追求上进"（59%）；此外，还有4%的高职高专艺术类专业毕业生认为大学对素养的提升没有任何帮助。

3. 2017届高职高专医学类专业毕业生认为在校期间大学对自己素养提升较高的方面为"职业道德"（67%）、"积极努力、追求上进"（65%）、"人生的乐观态度"（64%）、"健康卫生"（64%）；此外，还有3%的高职高专医学类专业毕业生认为大学对素养的提升没有任何帮助。

4. 2017届高职高专其他类专业毕业生认为在校期间大学对自己素养提升较高的方面为"人生的乐观态度"、"积极努力、追求上进"（均为67%）；此外，还有3%的高职高专其他类专业毕业生认为大学对素养的提升没有任何帮助。

（五）职业能力评价

2014届高职高专毕业生三年后认为职场中持续学习能力最重要（86%）；另外2006届、2007届大学毕业生十年后认为最重要的职业能力依然是持续学习能力（83%）。可见持续学习能力对毕业生职场发展的重要程度较高。

（六）职业素养评价

2014 届高职高专毕业生三年后认为职场中环境适应能力最重要（85%），其后是压力承受能力（82%）、协作解决问题能力（81%）；另外2006 届、2007 届大学毕业生十年后认为最重要的职业素养是协作解决问题能力（67%）。可见随着职业生涯的发展，协作解决问题能力的重要程度进一步显现。

分报告一
应届毕业生就业报告

B.3
第一章
就业结果

一　毕业去向

（一）总体毕业去向分布

大学毕业生：本科院校、高职高专院校的毕业生。

毕业半年后：2017 届毕业生毕业第二年（即 2018 年）的 1 月左右。麦可思在此时展开跟踪评价，收集数据。此时毕业生的就业状况趋于稳定，有工作经历的毕业生也能够评估工作对自己知识、能力的要求水平。

毕业去向分布：麦可思将中国本科毕业生的毕业状况分为十类：受雇全职工作；受雇半职工作；自主创业；毕业后入伍；正在国内读研；正在港澳

台地区及国外读研；无工作，准备国内读研；无工作，准备到港澳台地区及国外读研；无工作，继续寻找工作；无工作，其他。同理将中国高职高专毕业生的毕业状况分为七类：受雇全职工作；受雇半职工作；自主创业；毕业后入伍；毕业后读本科；无工作，继续寻找工作；无工作，其他。其中，受雇全职工作指平均每周工作 32 小时或以上。受雇半职工作指平均每周工作 20 小时到 31 小时。

已就业人群：包括"受雇全职工作"、"受雇半职工作"、"自主创业"、"毕业后入伍"四类人群。

图 1 – 1 – 1 是 2017 届大学毕业生半年后的去向分布。可以看出，在 2017 届大学毕业生中，有 78.7% 的人毕业半年后受雇全职或半职工作，2.9% 的人自主创业，0.4% 的人入伍；有 10.8% 的人升学，其中 7.0% 正在国内读研，1.1% 正在港澳台及国外读研，2.7% 正在读本科；有 7.2% 的人处于失业状态，其中 1.4% 准备国内外读研，3.4% 准备继续寻找工作，还有 2.4% 放弃了继续求职和求学。

图 1 – 1 – 2 是 2015 ~ 2017 届大学毕业生半年后的去向分布变化。可以

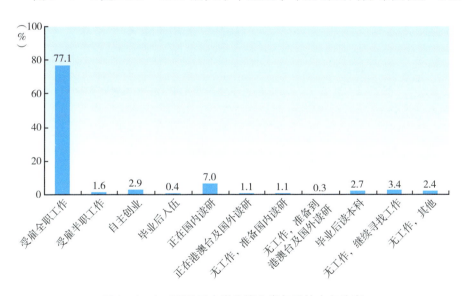

图 1 – 1 – 1　2017 届大学生毕业半年后的去向分布

数据来源：麦可思 – 中国 2017 届大学毕业生培养质量跟踪评价。

看出，2017届大学生毕业半年后"受雇全职工作"的比例（77.1%）与2016届、2015届（分别为77.3%、77.4%）基本持平；"自主创业"的比例（2.9%）与2016届、2015届（均为3.0%）基本持平；"正在读研/读本"的比例（10.8%）略高于2016届、2015届（分别为10.3%、10.1%）；"无工作，继续寻找工作"的比例（3.4%）略低于2016届、2015届（分别为4.0%、3.9%）。

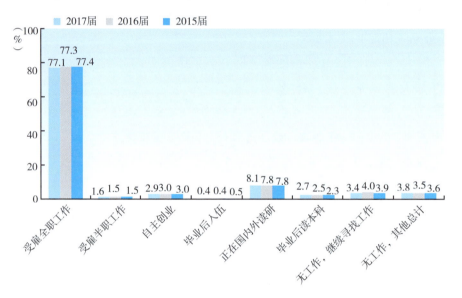

图1-1-2 2015～2017届大学生毕业半年后的去向分布变化

数据来源：麦可思-中国2015～2017届大学毕业生培养质量跟踪评价。

（二）高职高专院校毕业生去向分布

图1-1-3是2015～2017届高职高专院校毕业生半年后的去向分布变化。可以看出，2017届高职高专毕业生半年后"受雇全职工作"的比例（80.8%）与2016届（80.7%）基本持平，与2015届（80.5%）相比略高；"自主创业"的比例（3.8%）与2016届、2015届（均为3.9%）基本持平；"毕业后读本科"的比例（5.4%）与2016届、2015届（分别为4.9%、4.7%）相比有所提升，连续三届呈上升趋势。

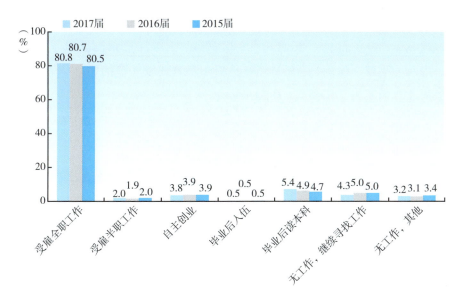

图 1 - 1 - 3　2015 ~ 2017 届高职高专院校学生毕业半年后的去向分布变化

数据来源：麦可思 - 中国 2015 ~ 2017 届大学毕业生培养质量跟踪评价。

（三）就业地分布

就业地：指大学毕业生的就业所在地区。

经济区域：本研究把中国内地 31 个省、自治区和直辖市分为八个经济体系区域。

　　a. 东北区域经济体：包括黑龙江、吉林、辽宁；

　　b. 泛渤海湾区域经济体：包括北京、天津、山东、河北、内蒙古、山西；

　　c. 陕甘宁青区域经济体：包括陕西、甘肃、宁夏、青海；

　　d. 中原区域经济体：包括河南、湖北、湖南；

　　e. 泛长江三角洲区域经济体：包括上海、江苏、浙江、江西、安徽；

　　f. 泛珠江三角洲区域经济体：包括广东、广西、福建、海南；

　　g. 西南区域经济体：包括重庆、四川、贵州、云南；

　　h. 西部生态经济区：包括西藏、新疆。

图 1 - 1 - 4 是 2017 届高职高专毕业生就业地的分布。可以看出，2017

届高职高专毕业生半年后就业区域主要集中在泛长江三角洲区域（包括上海、江苏、浙江、江西、安徽），占 22.9%；泛珠江三角洲区域（包括广东、广西、福建、海南），占 21.5%；泛渤海湾区域（包括北京、天津、山东、河北、内蒙古、山西），占 20.6%。

图 1-1-4　2017 届高职高专毕业生就业地的分布

数据来源：麦可思-中国 2017 届大学毕业生培养质量跟踪评价。

（四）就业城市类型

城市类型：本研究按行政级别把中国内地城市分为以下三种类型。

a. 直辖市：包括北京、上海、天津、重庆。

b. 副省级城市：包括哈尔滨、长春、沈阳、大连、济南、青岛、南京、杭州、宁波、厦门、广州、深圳、武汉、成都、西安 15 个城市。部分省会城市不属于副省级城市。

c. 地级城市及以下：如绵阳、保定、苏州等，也包括省会城市如福州、银川等以及地级市下属的县、乡等。

图 1-1-5 是 2017 届大学毕业生就业城市类型分布。可以看出，2017

届大学生毕业半年后有15%在直辖市就业，27%在副省级城市就业，58%在地级城市及以下就业。其中本科毕业生在直辖市就业的比例比高职高专毕业生高8个百分点（分别为19%和11%）。

图1-1-5 2017届大学毕业生就业城市类型分布

数据来源：麦可思－中国2017届大学毕业生培养质量跟踪评价。

图1-1-6是2015～2017届大学毕业生就业城市类型分布变化。可以看出，大学毕业生连续三届就业的城市类型分布比较稳定。

图1-1-6 2015～2017届大学毕业生就业城市类型分布变化

数据来源：麦可思－中国2015～2017届大学毕业生培养质量跟踪评价。

二　就业数量

（一）总体就业率

就业率：本科毕业生的就业率＝已就业本科毕业生数/需就业的总本科毕业生数；需要注意的是，按劳动经济学的就业率定义，已就业人数不包括国内外读研人数，需就业的总毕业生数也不包括国内外读研的人数；政府教育机构统计的就业率通常包括国内外读研人数，也就是本报告中的非失业率。

高职高专毕业生的就业率＝已就业高职高专毕业生数/需就业的总高职高专毕业生数；其中，已就业人数不包括读本科人数，需就业的总毕业生数也不包括读本科人数。

图1－1－7是2015～2017届大学生毕业半年后的就业率变化趋势。可以看出，2017届大学生毕业半年后的就业率（91.9%）与2016届、2015届（分别为91.6%、91.7%）基本持平。其中，本科院校2017届毕业生半年后的就业率为91.6%，与2016届（91.8%）基本持平，比2015届

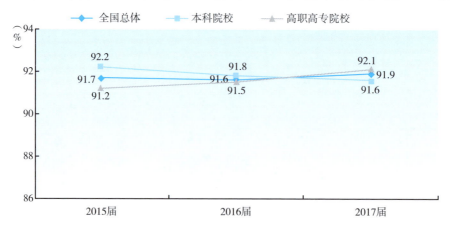

图1－1－7　2015～2017届大学生毕业半年后的就业率变化趋势

数据来源：麦可思-中国2015～2017届大学毕业生培养质量跟踪评价。

（92.2%）略低；高职高专院校 2017 届毕业生半年后的就业率为 92.1%，比 2016 届、2015 届（分别为 91.5%、91.2%）略高。从近三届的趋势可以看出，大学毕业生半年后就业率呈现稳定态势。

表 1 - 1 - 1 是 2015～2017 届各经济区域高职高专毕业生半年后的就业率变化趋势。可以看出，2017 届泛珠江三角洲区域经济体高职高专院校毕业生半年后的就业率最高（94.5%），西部生态经济区最低（85.4%）。

表 1 - 1 - 1 2015～2017 届各经济区域高职高专生毕业半年后的就业率变化趋势

单位：%

经济区域	高职高专院校毕业生毕业半年后的就业率		
	2017 届	2016 届	2015 届
泛珠江三角洲区域经济体	94.5	93.6	93.7
泛长江三角洲区域经济体	94.4	93.9	93.3
中原区域经济体	92.7	92.3	91.8
泛渤海湾区域经济体	91.8	91.0	90.9
西南区域经济体	90.1	89.6	88.9
东北区域经济体	88.1	87.8	88.3
陕甘宁青区域经济体	87.1	86.7	86.3
西部生态经济区	85.4	85.1	86.6
全国高职高专	**92.1**	**91.5**	**91.2**

数据来源：麦可思 - 中国 2015～2017 届大学毕业生培养质量跟踪评价。

（二）专业分析

专业大类： 按照教育部的专业目录及学校新增的专业，本次跟踪评价覆盖了高职高专院校所开设的专业大类 18 个。

专业类： 按照教育部的专业目录以及学校新增的专业，本次跟踪评价覆盖了高职高专院校所开设的专业类 76 个。

专业： 按照教育部的专业目录以及学校新增的专业，本次跟踪评价覆盖了高职高专院校所开设的专业 656 个。

表 1 - 1 - 2 是 2015～2017 届高职高专各专业大类学生毕业半年后的就

业率变化趋势。可以看出，2017届高职高专毕业生半年后就业率最高的专业大类是生化与药品大类（93.5%），最低的是资源开发与测绘大类（88.7%）。从三届的就业率变化趋势可以看出，高职高专专业大类中的公共事业大类、材料与能源大类、制造大类、土建大类、交通运输大类、财经大类、艺术设计传媒大类等毕业生毕业半年后就业率持续上升。

表1-1-2　2015~2017届高职高专各专业大类学生毕业半年后的就业率变化趋势*

单位：%

高职高专专业大类名称	2017届	2016届	2015届
生化与药品大类	93.5	93.4	93.5
公共事业大类	93.4	92.9	92.6
材料与能源大类	93.3	92.7	92.2
制造大类	93.0	92.3	92.0
土建大类	92.9	92.1	91.2
环保、气象与安全大类	92.8	92.5	92.7
交通运输大类	92.7	92.3	92.1
轻纺食品大类	92.3	92.0	92.9
财经大类	92.3	91.8	91.7
文化教育大类	92.3	91.3	91.5
电子信息大类	92.1	91.3	91.3
水利大类	92.0	91.8	—
艺术设计传媒大类	91.3	90.6	90.2
农林牧渔大类	90.6	90.1	90.4
医药卫生大类	90.6	89.7	90.1
旅游大类	90.1	90.0	89.8
资源开发与测绘大类	88.7	87.5	87.4
全国高职高专	**92.1**	**91.5**	**91.2**

*个别专业大类因为样本较少，没有包括在内。
数据来源：麦可思-中国2015~2017届大学毕业生培养质量跟踪评价。

表1-1-3是2015~2017届高职高专主要专业类学生毕业半年后的就业率变化趋势。可以看出，2017届高职高专毕业生半年后就业率最高的专业类是电力技术类（94.2%），最低的是畜牧兽医类（89.7%）。

表 1 - 1 - 3 2015～2017 届高职高专主要专业类学生毕业半年后的就业率变化趋势[*]

单位：%

高职高专专业类名称	2017 届	2016 届	2015 届
电力技术类	94.2	93.7	94.0
食品药品管理类	93.9	93.9	94.1
公共事业类	93.9	93.6	92.7
港口运输类	93.9	93.5	94.4
制药技术类	93.6	93.4	93.5
通信类	93.6	93.7	93.9
林业技术类	93.5	93.0	92.6
语言文化类	93.5	93.2	93.2
城市轨道运输类	93.4	93.5	94.4
公共管理类	93.4	93.5	94.4
纺织服装类	93.3	93.2	92.5
工程管理类	93.2	92.4	90.2
建筑设计类	93.1	92.4	92.6
医学技术类	93.1	92.9	92.9
市场营销类	93.1	93.1	92.5
生物技术类	93.0	92.1	91.0
化工技术类	92.9	93.3	93.2
经济贸易类	92.9	93.0	93.5
自动化类	92.9	92.0	92.2
汽车类	92.8	92.3	92.1
机电设备类	92.8	91.9	92.3
艺术设计类	92.7	91.8	91.1
房地产类	92.7	92.6	92.7
机械设计制造类	92.4	91.7	92.2
财务会计类	92.3	91.5	91.4
电子信息类	92.2	91.4	91.6
土建施工类	92.1	92.1	89.0
药学类	92.1	92.8	93.1
建筑设备类	92.0	91.7	91.5
公路运输类	92.0	91.3	89.8
环保类	92.0	91.7	91.3
计算机类	91.9	90.9	90.6
工商管理类	91.7	92.1	91.6
能源类	91.4	90.6	90.6

续表

高职高专专业类名称	2017 届	2016 届	2015 届
教育类	91.3	90.2	89.7
农业技术类	91.2	90.6	90.9
材料类	91.0	90.5	90.1
测绘类	90.8	89.9	89.8
食品类	90.7	91.0	90.9
水上运输类	90.7	90.5	90.9
旅游管理类	90.4	90.0	89.7
财政金融类	90.2	90.8	92.0
护理类	90.2	90.5	90.3
广播影视类	89.9	89.6	88.4
畜牧兽医类	89.7	89.3	89.6
全国高职高专	**92.1**	**91.5**	**91.2**

* 个别专业类因为样本较少，没有包括在内。

数据来源：麦可思 – 中国 2015 ~ 2017 届大学毕业生培养质量跟踪评价。

表 1 – 1 – 4　2017 届高职高专生毕业半年后就业量最大的前 50 位专业的就业率变化趋势

单位：%

高职高专就业量最大的前 50 位专业名称	2017 届	2016 届	2015 届
学前教育	96.0	95.6	95.1
商务英语	95.3	95.1	94.5
医学检验技术	94.4	94.2	94.6
汽车技术服务与营销	93.8	93.4	93.3
建筑装饰工程技术	93.7	93.3	94.2
市场营销	93.6	93.8	93.1
应用化工技术	93.6	94.0	93.6
工程造价	93.3	92.6	90.5
环境艺术设计	93.2	92.6	92.8
通信技术	93.2	94.0	93.5
助产	93.1	93.7	93.9
药学	93.1	93.0	93.0
物联网技术	92.9	91.6	91.9
工程监理	92.8	92.1	89.0
机电一体化技术	92.7	92.3	91.9
室内设计技术	92.6	92.2	93.3

续表

高职高专就业量最大的前50位专业名称	2017 届	2016 届	2015 届
电气自动化技术	92.6	91.6	91.7
工商企业管理	92.6	92.9	90.8
会计电算化	92.6	91.1	90.9
道路桥梁工程技术	92.5	91.6	89.6
汽车运用技术	92.5	92.4	92.9
会计	92.5	92.4	91.9
建筑工程管理	92.4	91.2	89.1
软件技术	92.2	92.0	91.4
电子商务	92.2	92.4	92.3
物流管理	92.1	91.6	91.7
模具设计与制造	92.1	91.9	93.2
建筑工程技术	92.0	92.2	88.8
临床医学	92.0	92.4	92.5
汽车检测与维修技术	92.0	91.6	92.0
电子信息工程技术	92.0	91.6	90.9
园林技术	92.0	91.8	92.2
石油化工生产技术	91.9	91.4	90.7
数控技术	91.8	91.7	93.2
汽车电子技术	91.7	92.0	91.9
艺术设计	91.7	91.0	90.5
应用电子技术	91.6	91.9	91.6
广告设计与制作	91.6	91.2	90.3
机械制造与自动化	91.5	91.1	91.2
会计与审计	91.3	91.2	91.7
计算机网络技术	91.3	90.9	89.8
旅游管理	91.2	90.8	88.3
财务管理	90.9	91.1	91.8
酒店管理	90.8	90.5	91.2
动漫设计与制作	90.7	89.8	90.7
计算机应用技术	90.3	90.1	90.3
护理	90.2	90.3	90.1
食品营养与检测	89.6	89.6	90.0
畜牧兽医	88.3	88.2	86.7
初等教育	86.1	83.8	84.1
全国高职高专	**92.1**	**91.5**	**91.2**

数据来源：麦可思 – 中国 2015 ~ 2017 届大学毕业生培养质量跟踪评价。

表1-1-5是2017届高职高专毕业生半年后就业率排前50位的主要专业。可以看出，2017届高职高专毕业生半年后就业率排前三位的专业是高压输配电线路施工运行与维护（96.7%）、学前教育（96.0%）、电气化铁道技术（96.0%）。

表1-1-5　2017届高职高专生毕业半年后就业率排前50位的主要专业*

单位：%

高职高专就业率排前50位的专业名称	就业率
高压输配电线路施工运行与维护	96.7
学前教育	96.0
电气化铁道技术	96.0
社会体育	95.7
电力系统继电保护与自动化	95.5
商务英语	95.3
电力系统自动化技术	95.3
给排水工程技术	95.3
社区管理与服务	94.7
水利水电建筑工程	94.6
医学检验技术	94.4
国际商务	94.4
城市轨道交通运营管理	94.1
计算机辅助设计与制造	94.1
城市轨道交通控制	94.1
工业设计	94.0
康复治疗技术	93.9
发电厂及电力系统	93.9
工业分析与检验	93.9
移动通信技术	93.9
产品造型设计	93.9
汽车技术服务与营销	93.8
生物制药技术	93.8
建筑装饰工程技术	93.7
视觉传达	93.7
国际经济与贸易	93.7
报关与国际货运	93.7
市场营销	93.6

续表

高职高专就业率排前 50 位的专业名称	就业率
应用化工技术	93.6
汽车制造与装配技术	93.5
生物技术及应用	93.5
交通安全与智能控制	93.5
应用英语	93.5
汽车整形技术	93.4
营销与策划	93.4
市政工程技术	93.4
人力资源管理	93.4
供热通风与空调工程技术	93.3
多媒体设计与制作	93.3
工程造价	93.3
物业管理	93.3
服装设计	93.2
旅游英语	93.2
会展策划与管理	93.2
数控设备应用与维护	93.2
环境艺术设计	93.2
通信技术	93.2
助产	93.1
药学	93.1
美术教育	93.1
全国高职高专	**92.1**

＊毕业生规模过小的专业不包括在此排序中。

数据来源：麦可思－中国 2017 届大学毕业生培养质量跟踪评价。

（三）职业分析

职业：根据麦可思中国职业分类体系，本次跟踪评价覆盖了高职高专毕业生能够从事的 555 个职业。**本节各表中的"就业比例"** ＝在某类职业中就业的毕业生人数/全国同届次毕业生就业总数。

表 1－1－6 是 2015～2017 届高职高专毕业生从事的主要职业类排名。

可以看出，2017 届高职高专毕业生半年后从事最多的职业类是"财务/审计/税务/统计"（9.0%），其次是"销售"（8.9%）。与 2015 届相比，2017 届高职高专毕业生就业比例增加较多的职业类为"媒体/出版"（增加了 1.3 个百分点）；就业比例降低较多的职业类为"财务/审计/税务/统计"（降低了 1.8 个百分点）、"销售"（降低了 1.7 个百分点）。

表 1-1-6　2015~2017 届高职高专毕业生从事的主要职业类排名*

单位：%

高职高专毕业生从事的职业类名称	就业比例			
	2017 届	2016 届	2015 届	2017-2015 届**
财务/审计/税务/统计	9.0	10.0	10.8	-1.8
销售	8.9	10.8	10.6	-1.7
建筑工程	8.4	8.3	7.8	0.6
行政/后勤	7.3	7.3	7.0	0.3
医疗保健/紧急救助	6.8	6.6	6.3	0.5
金融(银行/基金/证券/期货/理财)	4.7	4.4	4.2	0.5
互联网开发及应用	4.2	3.5	4.3	-0.1
美术/设计/创意	3.5	3.3	3.2	0.3
电气/电子(不包括计算机)	3.1	3.2	3.2	-0.1
机械/仪器仪表	2.8	2.7	3.2	-0.4
计算机与数据处理	2.7	2.9	3.0	-0.3
媒体/出版	2.7	1.8	1.4	1.3
餐饮/娱乐	2.6	2.5	2.9	-0.3
交通运输/邮电	2.4	2.5	1.9	0.5
机动车机械/电子	2.1	2.1	2.3	-0.2
房地产经营	2.1	2.1	2.0	0.1
生产/运营	2.0	1.9	1.6	0.4
幼儿与学前教育	1.9	1.7	1.4	0.5
中小学教育	1.9	1.9	1.7	0.2
电力/能源	1.9	2.0	1.6	0.3
保险	1.8	1.6	1.8	0.0
人力资源	1.6	1.6	1.5	0.1
酒店/旅游/会展	1.5	1.5	1.7	-0.2
生物/化工	1.5	1.8	1.6	-0.1

续表

高职高专毕业生 从事的职业类名称	就业比例			
	2017 届	2016 届	2015 届	2017 – 2015 届 **
物流/采购	1.4	1.7	1.7	− 0.3
农/林/牧/渔类	1.4	1.0	1.0	0.4
高等教育/职业培训	1.1	1.1	1.3	− 0.2
工业安全与质量	0.9	0.9	1.1	− 0.2
公安/检察/法院/经济执法	0.9	0.8	0.8	0.1
经营管理	0.7	0.7	0.8	− 0.1
表演艺术/影视	0.7	0.8	0.8	− 0.1
美容/健身	0.7	0.5	0.5	0.2
社区工作者	0.7	0.7	0.6	0.1
环境保护	0.6	0.5	0.5	0.1
测绘	0.5	0.6	0.8	− 0.3
服装/纺织/皮革	0.5	0.6	0.7	− 0.2
航空机械/电子	0.4	0.3	0.2	0.2
文化/体育	0.3	0.2	0.2	0.1
矿山/石油	0.3	0.3	0.3	0.0
冶金材料	0.2	0.1	0.1	0.1
公共关系	0.2	0.2	0.4	− 0.2
研究人员	0.2	0.2	0.1	0.1
家用/办公电器维修	0.2	0.2	0.2	0.0
家政	0.1	0.1	0.1	0.0
翻译	0.1	0.1	0.3	− 0.2
船舶机械	0.1	0.1	0.4	− 0.3

＊表中显示的数字均保留一位小数，因为四舍五入进位，加起来可能不等于 100%。

＊＊"2017 – 2015 届"表示以 2017 届的就业比例减去 2015 届的就业比例。下同。

数据来源：麦可思 – 中国 2015～2017 届大学毕业生培养质量跟踪评价。

从三届的就业趋势中可以看出，在就业比例较大的职业类中，高职高专毕业生从事"建筑工程"、"医疗保健/紧急救助"和"金融（银行/基金/证券/期货/理财）"职业类的比例逐届增加，从事"财务/审计/税务/统计"职业类的比例逐届降低。

表 1-1-7 2017 届高职高专毕业生就业量最大的前 50 位职业

单位：%

高职高专毕业生就业量最大的前 50 位职业名称	就业比例
会计	4.7
文员	4.5
护士	3.0
电子商务专员	2.5
出纳员	2.1
预算员	2.0
房地产经纪人	1.8
施工技术员	1.8
平面设计	1.8
室内设计师	1.7
其他销售代表、服务商	1.6
建筑技术员	1.6
客服专员	1.5
营业员	1.3
行政秘书和行政助理	1.3
幼儿教师	1.3
小学教师	1.3
测量技术员	1.1
保险推销员	1.0
餐饮服务生	0.9
销售经理	0.8
医生助手	0.8
产品促销员	0.8
电厂操作员	0.8
互联网开发师	0.7
计算机程序员	0.7
土木建筑工程技术员	0.7
化工厂系统操作员	0.6
推销员	0.6
金融服务销售商	0.6
销售代表(医疗用品)	0.6
其他工程技术员(除绘图员)	0.6
餐饮服务主管	0.6
档案管理员	0.6

续表

高职高专毕业生就业量最大的前50位职业名称	就业比例
车身修理技术员	0.6
电子工程技术员	0.5
汽车机械技术员	0.5
医学及临床实验的技术员	0.5
电气技术员	0.5
存货管理员(储藏室、库房的)	0.5
地图制图与印刷工程技术员	0.5
人力资源助理	0.5
其他计算机专业人员	0.5
收银员	0.5
其他工程技术员	0.5
室内装饰技术员	0.5
数据统计分析员	0.5
电气工程技术员	0.5
招聘专职人员	0.4
数据录入员	0.4

数据来源：麦可思－中国2017届大学毕业生培养质量跟踪评价。

（四）行业分析

行业：根据麦可思中国行业分类体系，本次跟踪评价覆盖了高职高专毕业生就业的327个行业。

本节各图表中的"就业比例" ＝ 在某类行业中就业的毕业生人数/全国同届次毕业生就业总数。

表1－1－8是2015～2017届高职高专毕业生就业的主要行业类排名。可以看出，2017届高职高专毕业生半年后就业最多的行业类是"建筑业"（12.5%），其后是"医疗和社会护理服务业"（7.7%）、"金融（银行/保险/证券）业"（6.6%）。与2015届相比，2017届高职高专毕业生就业比例增加最多的行业类为"教育业"（增加了0.9个百分点）；就业比例降低最多的行业类是"金融（银行/保险/证券）业"（降低了1.0个百分点）。

表 1 – 1 – 8 2015 ~ 2017 届高职高专毕业生就业的主要行业类排名 *

单位：%

高职高专毕业生就业的行业类名称	就业比例			
	2017 届	2016 届	2015 届	2017 – 2015 届
建筑业	12.5	12.4	12.1	0.4
医疗和社会护理服务业	7.7	7.5	7.2	0.5
金融(银行/保险/证券)业	6.6	7.5	7.6	– 1.0
教育业	6.5	5.7	5.6	0.9
零售商业	6.2	6.1	6.5	– 0.3
媒体、信息及通信产业	6.2	6.3	6.3	– 0.1
电子电气仪器设备及电脑制造业	4.9	4.8	5.2	– 0.3
各类专业设计与咨询服务业	4.7	4.5	4.4	0.3
其他服务业(除行政服务)	4.4	4.3	4.5	– 0.1
房地产开发销售租赁及其他租赁业	3.3	3.4	3.1	0.2
住宿和饮食业	3.2	3.3	3.2	0.0
政府及公共管理	3.1	3.0	2.4	0.7
运输业	3.1	3.1	2.3	0.8
化学品、化工、塑胶业	3.1	3.4	3.4	– 0.3
机械五金制造业	3.1	3.0	3.4	– 0.3
交通工具制造业	2.7	2.7	3.1	– 0.4
家具、医疗设备及其他制成品业	2.7	2.7	2.7	0.0
行政、商业和环境保护辅助业	2.3	2.3	2.5	– 0.2
农业、林业、渔业和畜牧业	1.8	1.5	1.6	0.2
艺术、娱乐和休闲业	1.8	1.8	1.4	0.4
批发商业	1.7	1.7	2.1	– 0.4
水电煤气公用事业	1.7	1.9	1.6	0.1
食品、烟草、加工业	1.6	1.7	2.0	– 0.4
邮递、物流及仓储业	1.6	1.9	1.7	– 0.1
纺织皮革及成品加工业	1.4	1.5	1.8	– 0.4
初级金属制造业	0.7	0.7	0.7	0.0
玻璃黏土、石灰水泥制品业	0.5	0.4	0.4	0.1
木品和纸品业	0.4	0.5	0.6	– 0.2
矿业	0.4	0.4	0.4	0.0
宗教协会群众组织	0.2	0.2	0.1	0.1

*表中显示的数字均保留一位小数，因为四舍五入进位，加起来可能不等于100%。

数据来源：麦可思 – 中国 2015 ~ 2017 届大学毕业生培养质量跟踪评价。

从三届的就业趋势可以看出，在就业比例排名前十位的行业类中，高职高专毕业生在"建筑业"、"医疗和社会护理服务业"、"教育业"、"各类专业设计与咨询服务业"行业类就业的比例逐届增加，在"金融（银行/保险/证券）业"行业类就业的比例逐届降低。

表 1–1–9　2017 届高职高专毕业生就业量最大的前 50 位行业

单位：%

高职高专毕业生就业量最大的前 50 位行业名称	就业比例
全科住院医院（包括门诊）	2.8
高速公路、街道及桥梁建筑业	2.5
住宅建筑施工业	2.4
其他金融投资业	2.4
建筑装修业	2.4
其他个人服务业	2.3
中小学教育机构	2.1
幼儿园与学前教育机构	2.1
互联网运营与网络搜索引擎业	1.9
建筑基础、结构、楼房外观承建业	1.9
综合性餐饮业	1.5
发电、输电业	1.5
保险代理、经销、其他保险相关业	1.4
物流仓储业	1.3
汽车制造业	1.3
非住宅建筑施工业	1.2
汽车保养与维修业	1.1
软件开发业	1.1
医疗设备及用品制造业	1.1
房地产开发业	1.1
其他娱乐和休闲产业	1.0
专科住院医院（包括门诊）	1.0
会计、审计与税务服务业	1.0
半导体和其他电子元件制造业	1.0
地产代理和经纪人办事处	1.0
电气设备制造业	1.0

续表

高职高专毕业生就业量最大的前50位行业名称	就业比例
公共卫生服务机构(含疾控中心等)	0.9
广告及相关服务业	0.9
其他医疗健康服务业	0.9
百货零售业	0.8
保险机构	0.8
其他零售业	0.8
教育辅助服务业	0.8
其他学院和培训机构	0.8
建筑、工程及相关咨询服务业	0.8
其他信息服务业	0.7
其他化工产品制造业	0.7
旅客住宿业	0.7
通信设备制造业	0.7
房地产租赁业	0.7
汽车经销业	0.7
药品和医药制造业	0.7
计算机系统设计服务业	0.7
航空运输服务业	0.6
汽车零件制造业	0.6
家具及橱具制造业	0.6
其他电气设备及元器件生产业	0.6
服装零售业	0.6
铁路运输业	0.6
其他食品制造业	0.6

数据来源：麦可思－中国2017届大学毕业生培养质量跟踪评价。

（五）用人单位分析

图1－1－8是2017届大学毕业生就业的用人单位类型分布。可以看出，"民营企业/个体"（60%）是2017届大学毕业生就业最多的用人单位类型，本科院校中有53%的毕业生就业于"民营企业/个体"，高职高专院校中有67%的毕业生就业于"民营企业/个体"。

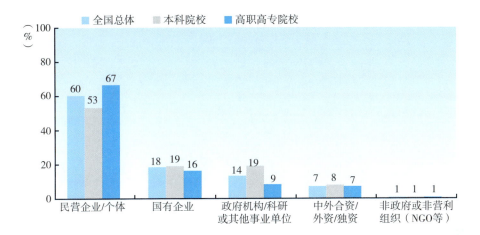

图1-1-8 2017届大学毕业生就业的用人单位类型分布

数据来源：麦可思－中国2017届大学毕业生培养质量跟踪评价。

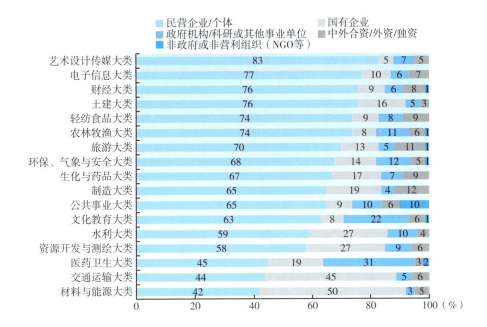

图1-1-9 2017届高职高专各专业大类的用人单位类型分布*

*个别专业大类因为样本较少，没有包括在内。

数据来源：麦可思－中国2017届大学毕业生培养质量跟踪评价。

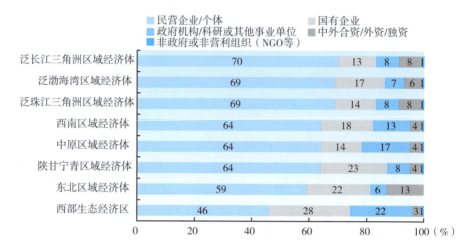

图 1 - 1 - 10 2017 届高职高专生在各经济区域的用人单位类型分布

数据来源：麦可思 - 中国 2017 届大学毕业生培养质量跟踪评价。

图 1 - 1 - 11 是 2017 届大学毕业生就业的用人单位规模分布。可以看出，2017 届大学毕业生就业比例最高的用人单位规模是 300 人及以下规模的中小型用人单位（55%），其中本科毕业生这一比例为 51%，高职高专毕业生为 60%。

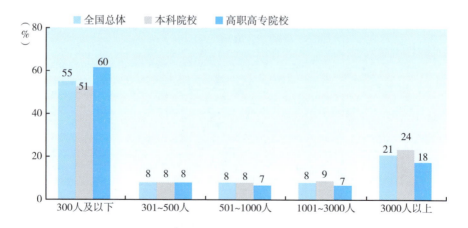

图 1 - 1 - 11 2017 届大学毕业生就业的用人单位规模分布

数据来源：麦可思 - 中国 2017 届大学毕业生培养质量跟踪评价。

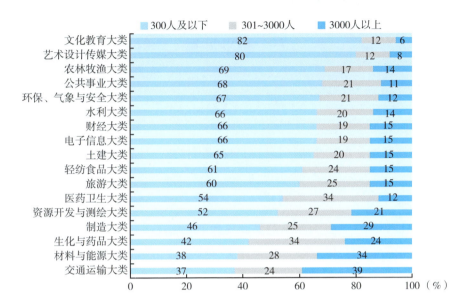

图 1-1-12　2017 届高职高专各专业大类毕业生的用人单位规模分布*

*个别专业大类因为样本较少，没有包括在内。
数据来源：麦可思－中国 2017 届大学毕业生培养质量跟踪评价。

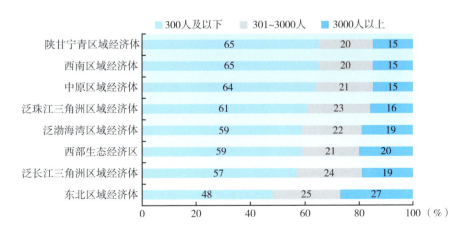

图 1-1-13　2017 届高职高专生在各经济区域的用人单位规模分布

数据来源：麦可思－中国 2017 届大学毕业生培养质量跟踪评价。

三　就业质量

（一）就业满意度

1. 总体就业满意度

就业满意度：由就业的毕业生对自己目前的就业现状进行主观判断，选项有"很满意"、"满意"、"不满意"、"很不满意"、"无法评估"共五项。其中，选择"满意"或"很满意"的人属于对就业现状满意，选择"不满意"或"很不满意"的人属于对就业现状不满意。

图 1-1-14 是 2016 届、2017 届大学生毕业半年后的就业满意度。可以看出，2017 届大学毕业生的就业满意度为 67%，比 2016 届（65%）高 2 个百分点。其中，本科院校 2017 届毕业生的就业满意度为 68%，比 2016 届（66%）高 2 个百分点；高职高专院校 2017 届毕业生的就业满意度为 65%，比 2016 届（63%）高 2 个百分点。

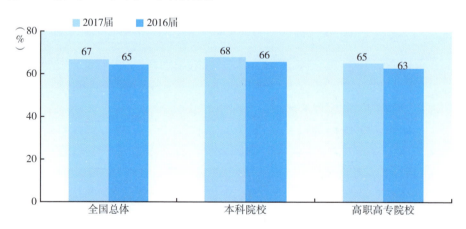

图 1-1-14　2016 届、2017 届大学生毕业半年后的就业满意度

数据来源：麦可思-中国 2016 届、2017 届大学毕业生培养质量跟踪评价。

2. 对就业现状不满意的原因

图 1-1-15 是 2016 届、2017 届高职高专毕业生对就业现状不满意的

原因。可以看出，2017 届高职高专毕业生对就业现状不满意的主要原因是"收入低"（65%）、"发展空间不够"（55%）。

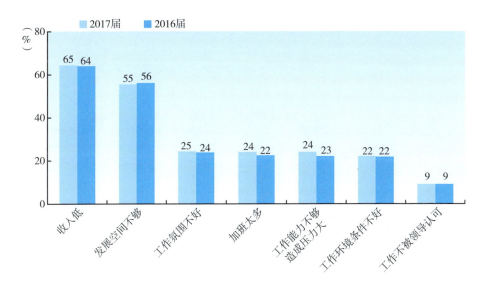

图 1 - 1 - 15　2016 届、2017 届高职高专毕业生对就业现状不满意的原因（多选）

数据来源：麦可思 - 中国 2016 届、2017 届大学毕业生培养质量跟踪评价。

3. 主要专业的就业满意度

表 1 - 1 - 10 是 2016 届、2017 届高职高专各专业大类毕业生毕业半年后的就业满意度。可以看出，在 2017 届高职高专专业大类中，毕业生毕业半年后就业满意度最高的是文化教育大类（68%），最低的是资源开发与测绘大类（60%）。

表 1 - 1 - 10　2016 届、2017 届高职高专各专业大类毕业生毕业半年后的就业满意度*

单位：%

高职高专专业大类名称	2017 届	2016 届
文化教育大类	68	65
农林牧渔大类	67	66
交通运输大类	67	64
财经大类	66	63

续表

高职高专专业大类名称	2017 届	2016 届
旅游大类	66	63
生化与药品大类	65	62
电子信息大类	65	63
轻纺食品大类	65	62
医药卫生大类	65	66
艺术设计传媒大类	65	64
材料与能源大类	64	63
土建大类	64	60
制造大类	64	61
公共事业大类	64	61
水利大类	63	63
环保、气象与安全大类	62	61
资源开发与测绘大类	60	57
全国高职高专	**65**	**63**

* 个别专业大类因为样本较少，没有包括在内。

数据来源：麦可思 – 中国 2016 届、2017 届大学毕业生培养质量跟踪评价。

表 1 – 1 – 11　2017 届高职高专毕业生半年后就业满意度排前 30 位的主要专业*

单位：%

高职高专专业名称	就业满意度
电力系统自动化技术	79
美术教育	78
畜牧兽医	75
学前教育	74
国际贸易实务	73
高压输配电线路施工运行与维护	73
电气化铁道技术	73
电力系统继电保护与自动化	73
导游	72
市场营销	72
城市轨道交通控制	71
多媒体设计与制作	71
信息安全技术	71
发电厂及电力系统	70

续表

高职高专专业名称	就业满意度
市场开发与营销	70
音乐表演	70
装饰艺术设计	70
城市轨道交通运营管理	70
投资与理财	70
视觉传达	69
报关与国际货运	69
金融保险	69
烹饪工艺与营养	69
移动通信技术	69
商务英语	69
汽车运用技术	69
应用英语	69
营销与策划	69
初等教育	68
助产	68
全国高职高专	**65**

＊毕业生规模过小的专业不包括在此排序中。
数据来源：麦可思－中国2017届大学毕业生培养质量跟踪评价。

4. 主要职业的就业满意度

表1－1－12和表1－1－13分别是2017届高职高专毕业生半年后就业满意度最高/最低的前十位职业。可以看出，2017届高职高专毕业生半年后就业满意度最高的职业是"航空乘务员"（87%），最低的职业是"搬运工（不包括机器操作人员）"（34%）。

表1－1－12　2017届高职高专生毕业半年后就业满意度最高的前十位职业＊

单位：%

高职高专毕业生就业满意度最高的前十位职业名称	就业满意度
航空乘务员	87
列车司机	81
行政经理	81
铁路闸、铁路信号和转辙器操作员	80

高职高专毕业生就业满意度最高的前十位职业名称	就业满意度
总经理和日常主管	80
市场经理	79
地铁和路面电车操作员	79
铁轨铺设及维护设备操作员	77
学前班教师(特殊教育除外)	77
网络设计师	77
全国高职高专	**65**

*毕业生规模过小的职业不包括在此排序中。
数据来源：麦可思–中国2017届大学毕业生培养质量跟踪评价。

表1–1–13　2017届高职高专生毕业半年后就业满意度最低的前十位职业*

单位：%

高职高专毕业生就业满意度最低的前十位职业名称	就业满意度
搬运工(不包括机器操作人员)	34
手工包装工	36
半导体加工人员	47
存货管理员(储藏室、库房的)	50
旅店服务员	51
通信设备安装维护技术员	52
电子和电气设备装配技术员	52
收银员	52
餐饮服务生	53
废水处理技工	54
全国高职高专	**65**

*毕业生规模过小的职业不包括在此排序中。
数据来源：麦可思–中国2017届大学毕业生培养质量跟踪评价。

5. 主要行业的就业满意度

表1–1–14和表1–1–15分别是2017届高职高专毕业生毕业半年后就业满意度最高/最低的前十位行业。可以看出，2017届高职高专毕业生毕业半年后就业满意度最高的行业是"铁路运输业"（85%），最低的行业是"音频和视频设备制造业"（52%）。

表 1 – 1 – 14 2017 届高职高专毕业生毕业半年后就业满意度最高的前十位行业 *

单位：%

高职高专毕业生就业满意度最高的前十位行业名称	就业满意度
铁路运输业	85
铁路运输服务业	80
人力资源和社会保障政府部门	78
航空运输服务业	78
铁路机车制造业	76
计算机系统设计服务业	75
中国人民银行、保监会和证监会	75
航空产品和零件制造业	75
全科住院医院（包括门诊）	74
城市公共交通业	74
全国高职高专	**65**

＊毕业生规模过小的行业不包括在此排序中。

数据来源：麦可思－中国 2017 届大学毕业生培养质量跟踪评价。

表 1 – 1 – 15 2017 届高职高专毕业生毕业半年后就业满意度最低的前十位行业 *

单位：%

高职高专毕业生就业满意度最低的前十位行业名称	就业满意度
音频和视频设备制造业	52
农药、化肥和其他农业化学制品制造业	54
金属加工成套设备制造业	54
通信设备制造业	54
塑料用品制造业	55
旅客住宿业	56
水泥和混凝土产品制造业	56
印刷及相关产业	56
汽车零件制造业	56
树脂、合成橡胶、合成纤维及人造丝制造业	57
全国高职高专	**65**

＊毕业生规模过小的行业不包括在此排序中。

数据来源：麦可思－中国 2017 届大学毕业生培养质量跟踪评价。

6. 各用人单位类型的就业满意度

图 1 – 1 – 16 是 2016 届、2017 届高职高专毕业生毕业半年后在各类型用人单位的就业满意度。可以看出，2017 届高职高专毕业生毕业半年后在"政府机构/科研或其他事业单位"的就业满意度最高（72%），在"民营企业/个体"、"非政府或非营利组织（NGO 等）"的就业满意度最低（均为 63%）。

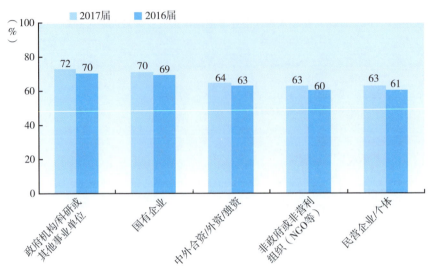

图 1 - 1 - 16   2016 届、2017 届高职高专毕业生毕业半年后在各类型用人单位的就业满意度

数据来源：麦可思 – 中国 2016 届、2017 届大学毕业生培养质量跟踪评价。

7. 各经济区域的就业满意度

图 1 - 1 - 17 是 2016 届、2017 届高职高专生毕业半年后在各经济区域

图 1 - 1 - 17   2016 届、2017 届高职高专毕业生毕业半年后在各经济区域的就业满意度

数据来源：麦可思 - 中国 2016 届、2017 届大学毕业生培养质量跟踪评价。

的就业满意度。可以看出，2017届高职高专生毕业半年后在泛长江三角洲区域经济体、泛渤海湾区域经济体的就业满意度最高（均为67%）。

（二）职业期待吻合度

1. 总体职业期待吻合度

职业期待吻合度：毕业生的工作与职业期待吻合的人数百分比。

图1－1－18是2016届、2017届大学毕业生工作与职业期待的吻合度。可以看出，2017届大学毕业生工作与职业期待的吻合度为49%，与2016届（48%）基本持平。其中，本科和高职高专院校2017届毕业生工作与职业期待的吻合度分别为52%、46%，均与2016届（分别为51%、45%）基本持平。

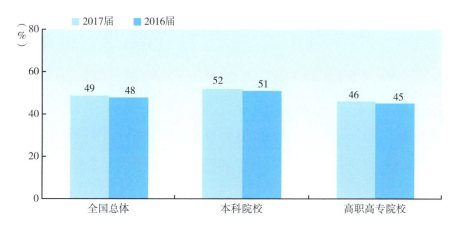

图1－1－18 2016届、2017届大学毕业生工作与职业期待吻合度

数据来源：麦可思－中国2016届、2017届大学毕业生培养质量跟踪评价。

2. 职业期待不吻合的原因

图1－1－19是2016届、2017届高职高专毕业生目前的工作与职业期待不吻合的原因分布。可以看出，2017届认为工作与职业期待不吻合的高职高专毕业生中，有30%的人认为是"不符合自己的职业发展规划"，其次是"不符合自己的兴趣爱好"（23%）。

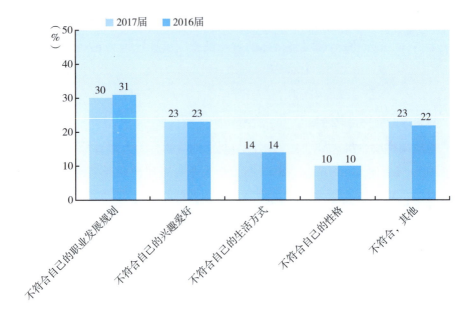

**图 1－1－19　2016 届、2017 届高职高专毕业生目前的
工作与职业期待不吻合的原因分布**

数据来源：麦可思－中国 2016 届、2017 届大学毕业生培养质量跟踪评价。

3. 主要专业的职业期待吻合度

表 1－1－16 是 2016 届、2017 届高职高专各专业大类毕业生毕业半年
后的职业期待吻合度。可以看出，在 2017 届高职高专专业大类中，毕业生
毕业半年后职业期待吻合度最高的是医药卫生大类、文化教育大类（均为
54%），最低的是资源开发与测绘大类（38%）。

表 1－1－16　2016 届、2017 届高职高专各专业大类毕业生毕业半年后的职业期待吻合度*

单位：%

高职高专专业大类名称	2017 届	2016 届
医药卫生大类	54	53
文化教育大类	54	53
艺术设计传媒大类	51	49
农林牧渔大类	48	45
交通运输大类	46	45
公共事业大类	46	44

续表

高职高专专业大类名称	2017 届	2016 届
材料与能源大类	45	43
土建大类	45	44
水利大类	45	45
旅游大类	45	44
电子信息大类	44	45
财经大类	44	44
环保、气象与安全大类	43	41
生化与药品大类	42	41
轻纺食品大类	42	43
制造大类	40	41
资源开发与测绘大类	38	38
全国高职高专	**46**	**45**

* 个别专业大类因为样本较少，没有包括在内。

数据来源：麦可思 – 中国 2016 届、2017 届大学毕业生培养质量跟踪评价。

4. 主要职业的职业期待吻合度

表 1 – 1 – 17　2017 届高职高专毕业生从事的主要职业类的职业期待吻合度 *

单位：%

高职高专职业类名称	职业期待吻合度
表演艺术/影视	65
中小学教育	63
医疗保健/紧急救助	60
美术/设计/创意	60
幼儿与学前教育	60
美容/健身	58
文化/体育	57
航空机械/电子	55
农/林/牧/渔类	55
高等教育/职业培训	55
媒体/出版	54
互联网开发及应用	54
计算机与数据处理	54
人力资源	51

续表

高职高专职业类名称	职业期待吻合度
财务/审计/税务/统计	50
交通运输/邮电	49
公安/检察/法院/经济执法	49
经营管理	47
公共关系	47
机动车机械/电子	46
金融(银行/基金/证券/期货/理财)	45
电力/能源	45
环境保护	44
房地产经营	44
建筑工程	43
酒店/旅游/会展	43
销售	40
服装/纺织/皮革	40
保险	40
矿山/石油	39
社区工作者	36
测绘	36
机械/仪器仪表	36
电气/电子(不包括计算机)	36
餐饮/娱乐	35
行政/后勤	34
生物/化工	34
工业安全与质量	34
物流/采购	31
生产/运营	30
全国高职高专	**46**

＊个别职业类因为样本较少，没有包括在内。

数据来源：麦可思－中国2017届大学毕业生培养质量跟踪评价。

（三）薪资分析

1. 总体月收入

月收入：指工资、奖金、业绩提成、现金福利补贴等所有的月度现金收入。

毕业半年后的平均月收入：指大学生毕业半年后实际每月工作收入的平均值。

图1-1-20是2015~2017届大学生毕业半年后的月收入变化趋势。可以看出，2017届大学毕业生的月收入（4317元）比2016届（3988元）增长了329元，比2015届（3726元）增长了591元。其中，本科院校2017届毕业生的月收入（4774元）比2016届（4376元）增长了398元，比2015届（4042元）增长了732元；高职高专院校2017届毕业生的月收入（3860元）比2016届（3599元）增长了261元，比2015届（3409元）增长了451元。从近三届的趋势可以看出，大学生毕业半年后月收入呈现上升趋势。

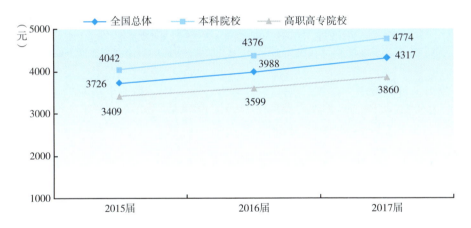

图1-1-20　2015~2017届大学生毕业半年后的月收入变化趋势

数据来源：麦可思-中国2015~2017届大学毕业生培养质量跟踪评价。

图1-1-21是2016届、2017届高职高专生毕业半年后的月收入分布。可以看出，2017届高职高专毕业生月收入在6000元以上的比例为9.1%，比2016届（7.0%）高2.1个百分点；月收入在1500元以下的比例为1.4%，低于2016届（2.0%）。

2.主要专业的月收入

表1-1-18是2015~2017届高职高专各专业大类毕业生毕业半年后的

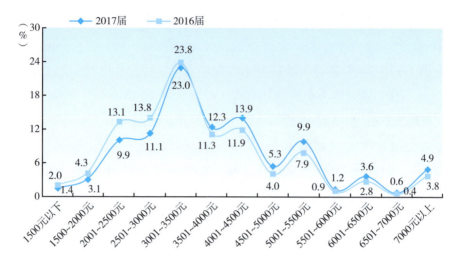

图1-1-21 2016届、2017届高职高专生毕业半年后的月收入分布*

* 图中显示数字均保留一位小数，因为四舍五入进位，加起来可能不等于100%。
数据来源：麦可思-中国2016届、2017届大学毕业生培养质量跟踪评价。

月收入。可以看出，在2017届高职高专专业大类中，毕业生毕业半年后月收入最高的是交通运输大类（4319元），最低的是文化教育大类（3418元）。

表1-1-18 2015～2017届高职高专各专业大类毕业生毕业半年后的月收入*

单位：元

高职高专专业大类名称	2017届	2016届	2015届
交通运输大类	4319	3922	3721
电子信息大类	4195	3939	3673
制造大类	4185	3860	3688
材料与能源大类	4033	3670	3448
资源开发与测绘大类	3969	3823	3669
艺术设计传媒大类	3902	3662	3389
生化与药品大类	3870	3590	3425
环保、气象与安全大类	3835	3644	3425
土建大类	3776	3489	3262
旅游大类	3761	3462	3348
财经大类	3717	3485	3345
农林牧渔大类	3709	3467	3403

续表

高职高专专业大类名称	2017 届	2016 届	2015 届
轻纺食品大类	3699	3473	3288
公共事业大类	3667	3514	3258
水利大类	3523	3209	—
医药卫生大类	3448	3210	2975
文化教育大类	3418	3336	3227
全国高职高专	**3860**	**3599**	**3409**

* 个别专业大类因为样本较少，没有包括在内。

数据来源：麦可思－中国 2015～2017 届大学毕业生培养质量跟踪评价。

表 1－1－19　2015～2017 届高职高专主要专业类毕业生毕业半年后的月收入 *

单位：元

高职高专专业类名称	2017 届	2016 届	2015 届
计算机类	4232	3968	3721
材料类	4215	3849	3539
机械设计制造类	4190	3909	3631
水上运输类	4185	3895	3661
机电设备类	4152	3839	3605
电子信息类	4103	3924	3696
市场营销类	4097	3972	3760
自动化类	4068	3866	3656
电力技术类	4067	3568	3400
测绘类	3989	3841	3599
化工技术类	3988	3725	3488
通信类	3983	3841	3660
财政金融类	3979	3861	3559
汽车类	3972	3801	3668
能源类	3956	3746	3717
公路运输类	3951	3765	3576
城市轨道运输类	3892	3666	3587
经济贸易类	3877	3691	3536
工商管理类	3877	3669	3508
港口运输类	3868	3697	3480
艺术设计类	3837	3629	3517
广播影视类	3806	3654	3501

续表

高职高专专业类名称	2017 届	2016 届	2015 届
语言文化类	3799	3565	3278
土建施工类	3794	3555	3338
旅游管理类	3757	3485	3231
建筑设备类	3732	3469	3214
房地产类	3725	3621	3428
环保类	3721	3495	3274
医学技术类	3712	3509	3158
工程管理类	3704	3407	3112
林业技术类	3701	3491	3322
畜牧兽医类	3691	3555	3515
生物技术类	3685	3437	3300
纺织服装类	3684	3511	3356
公共管理类	3682	3468	3351
食品类	3576	3421	3195
公共事业类	3545	3342	3095
食品药品管理类	3544	3488	3310
护理类	3537	3267	2971
制药技术类	3498	3272	3105
建筑设计类	3474	3367	3172
农业技术类	3448	3316	3135
财务会计类	3432	3209	3092
药学类	3362	3210	2870
教育类	3115	2955	2850
全国高职高专	**3860**	**3599**	**3409**

﹡个别专业类因为样本较少，没有包括在内。

数据来源：麦可思 - 中国 2015 ~ 2017 届大学毕业生培养质量跟踪评价。

表 1 – 1 – 20　2017 届高职高专生毕业半年后月收入排前 50 位的主要专业﹡

单位：元

高职高专专业名称	毕业半年后的平均月收入
空中乘务	5074
铁道工程技术	4762
软件技术	4665
航海技术	4573

续表

高职高专专业名称	毕业半年后的平均月收入
社会体育	4528
电气化铁道技术	4476
信息安全技术	4453
轮机工程技术	4405
汽车技术服务与营销	4326
数控设备应用与维护	4276
材料工程技术	4253
石油化工生产技术	4251
物联网技术	4245
机械设计与制造	4244
计算机网络技术	4244
计算机辅助设计与制造	4241
市场营销	4236
国际金融	4219
汽车制造与装配技术	4202
船舶工程技术	4195
电气自动化技术	4187
焊接技术及自动化	4187
商务日语	4158
工程测量技术	4154
计算机应用技术	4150
医疗美容技术	4147
移动通信技术	4142
发电厂及电力系统	4125
数控技术	4120
机电一体化技术	4104
机械制造与自动化	4091
营销与策划	4085
工程机械运用与维护	4081
道路桥梁工程技术	4081
汽车整形技术	4079
城市轨道交通工程技术	4037
电子信息工程技术	4033
计算机信息管理	4031

续表

高职高专专业名称	毕业半年后的平均月收入
多媒体设计与制作	4029
电子商务	4028
音乐表演	4028
模具设计与制造	4026
应用电子技术	4026
机电设备维修与管理	4024
会展策划与管理	4012
艺术设计	4005
公路运输与管理	3997
电力系统继电保护与自动化	3993
计算机多媒体技术	3993
国际经济与贸易	3991
全国高职高专	**3860**

* 毕业生规模过小的专业不包括在此排序中。

数据来源：麦可思 - 中国 2017 届大学毕业生培养质量跟踪评价。

月收入的"增长率" =（2017 届毕业生的平均月收入 - 2016 届毕业生的平均月收入）/2016 届毕业生的平均月收入。月收入增长的幅度可能会受到基数的影响。

表 1 - 1 - 21 和表 1 - 1 - 22 分别是 2017 届高职高专毕业生半年后月收入增长最快/最慢的前十位专业类。可以看出，2017 届高职高专生毕业半年后月收入增长最快的专业类为电力技术类，增长率为 14.0%；半年后月收入增长最慢的专业类为食品药品管理类，增长率为 1.6%。

表 1 - 1 - 21　2017 届高职高专生毕业半年后月收入增长最快的

前十位专业类（与 2016 届对比）*

单位：%，元

高职高专专业类名称	增长率	2017 届	2016 届
电力技术类	14.0	4067	3568
材料类	9.5	4215	3849
工程管理类	8.7	3704	3407
护理类	8.3	3537	3267

续表

高职高专专业类名称	增长率	2017 届	2016 届
机电设备类	8.2	4152	3839
旅游管理类	7.8	3757	3485
建筑设备类	7.6	3732	3469
水上运输类	7.4	4185	3895
生物技术类	7.2	3685	3437
机械设计制造类	7.2	4190	3909

＊毕业生规模过小的专业类不包括在此排序中。

数据来源：麦可思－中国2016届、2017届大学毕业生培养质量跟踪评价。

表 1－1－22　2017 届高职高专生毕业半年后月收入增长最慢的

前十位专业类（与 2016 届对比）＊

单位：%，元

高职高专专业类名称	增长率	2017 届	2016 届
食品药品管理类	1.6	3544	3488
房地产类	2.9	3725	3621
财政金融类	3.1	3979	3861
市场营销类	3.1	4097	3972
建筑设计类	3.2	3474	3367
通信类	3.7	3983	3841
畜牧兽医类	3.8	3691	3555
测绘类	3.9	3989	3841
农业技术类	4.0	3448	3316
广播影视类	4.2	3806	3654

＊毕业生规模过小的专业类不包括在此排序中。

数据来源：麦可思－中国2016届、2017届大学毕业生培养质量跟踪评价。

3. 主要职业的月收入

表 1－1－23 是 2016 届、2017 届高职高专生毕业半年后从事的主要职业类的月收入。可以看出，2017 届高职高专生毕业半年后月收入最高的职业类是"经营管理"（4818 元），其后是"房地产经营"（4665 元）、"航空机械/电子"（4625 元）。

表1-1-23　2016届、2017届高职高专生毕业半年后从事的主要职业类的月收入*

单位：元

高职高专职业类名称	2017届	2016届
经营管理	4818	4557
房地产经营	4665	4494
航空机械/电子	4625	4359
计算机与数据处理	4541	4188
金融(银行/基金/证券/期货/理财)	4514	4264
互联网开发及应用	4501	4285
美容/健身	4408	4077
表演艺术/影视	4332	4034
交通运输/邮电	4330	3954
生产/运营	4187	3878
电气/电子(不包括计算机)	4172	3814
矿山/石油	4133	3984
销售	4121	3855
机械/仪器仪表	4004	3767
保险	3995	3809
电力/能源	3940	3702
媒体/出版	3932	3694
工业安全与质量	3894	3720
文化/体育	3884	3689
高等教育/职业培训	3876	3462
生物/化工	3864	3681
公共关系	3854	3546
物流/采购	3836	3711
餐饮/娱乐	3769	3484
美术/设计/创意	3743	3410
测绘	3734	3574
人力资源	3719	3486
建筑工程	3698	3423
服装/纺织/皮革	3666	3510
农/林/牧/渔类	3644	3445
酒店/旅游/会展	3620	3370
环境保护	3566	3283
机动车机械/电子	3562	3430
社区工作者	3445	3248

续表

高职高专职业类名称	2017 届	2016 届
公安/检察/法院/经济执法	3407	3220
行政/后勤	3404	3199
财务/审计/税务/统计	3388	3114
医疗保健/紧急救助	3278	3111
中小学教育	3177	3030
幼儿与学前教育	2930	2706
全国高职高专	**3860**	**3599**

＊个别职业类因为样本较少，没有包括在内。

数据来源：麦可思－中国 2016 届、2017 届大学毕业生培养质量跟踪评价。

表 1－1－24　2017 届高职高专生毕业半年后月收入最高的前 50 位职业＊

单位：元

高职高专毕业生月收入最高的前 50 位职业名称	毕业半年后的平均月收入
互联网开发师	5620
总经理和日常主管	5358
计算机系统软件工程技术员	5288
市场经理	5225
计算机程序员	5184
计算机软件应用工程技术员	5149
销售经理	5034
行政经理	4987
贷款顾问	4983
信贷经纪人	4939
银行信贷员	4937
一线销售经理（非零售）	4922
健身教练和健身操指导员	4857
民用航空器维护员	4773
网络设计师	4773
铁轨铺设及维护设备操作员	4755
融资专员	4735
房地产经纪人	4700
铁路闸、铁路信号和转辙器操作员	4663
金融服务销售商	4652
网络安全技术员	4599
航空维护与操作技术员	4560

续表

高职高专毕业生月收入最高的前 50 位职业名称	毕业半年后的平均月收入
个人理财顾问	4560
列车司机	4477
一线销售经理(零售)	4473
机电工程师	4466
职业培训师	4429
生产及操作人员的初级主管	4350
银行柜员	4333
其他从事媒体和交流工作的人	4318
机械维护技术员	4316
其他销售代表、服务商	4289
销售代表(医疗用品)	4281
电气工程技术员	4263
计算机技术支持员	4260
商业和工业电子和电器设备修理技术员	4242
机械工程师	4233
工业工程技术员	4224
运输服务员(不包括航空乘务员和行李搬运工)	4221
电子工程技术员	4220
化工厂系统操作员	4218
电子商务专员	4202
广告策划师	4200
电气技术员	4196
餐饮服务主管	4190
保险推销员	4181
机械装配技术员	4178
市场专员	4172
销售技术员	4169
电气和电子运输设备安装者和修理技术员	4166
全国高职高专	**3860**

* 个别职业因为样本较少，没有包括在内。

数据来源：麦可思－中国 2017 届大学毕业生培养质量跟踪评价。

　　表 1－1－25 和表 1－1－26 分别是 2017 届高职高专生毕业半年后月收入增长最快/最慢的前十位职业类。可以看出，2017 届高职高专生毕业半年

后月收入增长最快的职业类为"高等教育/职业培训",增长率为 12.0%;毕业半年后月收入增长最慢的职业类为"物流/采购",增长率为 3.4%。

表 1-1-25 2017 届高职高专生毕业半年后月收入增长最快的

前十位职业类（与 2016 届对比）*

单位：%，元

高职高专职业类名称	增长率	2017 届	2016 届
高等教育/职业培训	12.0	3876	3462
美术/设计/创意	9.8	3743	3410
交通运输/邮电	9.5	4330	3954
电气/电子(不包括计算机)	9.4	4172	3814
财务/审计/税务/统计	8.8	3388	3114
公共关系	8.7	3854	3546
环境保护	8.6	3566	3283
计算机与数据处理	8.4	4541	4188
幼儿与学前教育	8.3	2930	2706
餐饮/娱乐	8.2	3769	3484

*毕业生规模过小的职业类不包括在此排序中。

数据来源：麦可思 - 中国 2016 届、2017 届大学毕业生培养质量跟踪评价。

表 1-1-26 2017 届高职高专生毕业半年后月收入增长最慢的

前十位职业类（与 2016 届对比）*

单位：%，元

高职高专职业类名称	增长率	2017 届	2016 届
物流/采购	3.4	3836	3711
矿山/石油	3.7	4133	3984
房地产经营	3.8	4665	4494
机动车机械/电子	3.8	3562	3430
服装/纺织/皮革	4.4	3666	3510
测绘	4.5	3734	3574
工业安全与质量	4.7	3894	3720
中小学教育	4.9	3177	3030
保险	4.9	3995	3809
生物/化工	5.0	3864	3681

*毕业生规模过小的职业类不包括在此排序中。

数据来源：麦可思 - 中国 2016 届、2017 届大学毕业生培养质量跟踪评价。

4. 主要行业的月收入

表1－1－27是2016届、2017届高职高专生毕业半年后在主要行业类的月收入。可以看出，2017届高职高专生毕业半年后月收入最高的行业类为"运输业"（4536元），其次是"金融（银行/保险/证券）业"（4422元）。

表1－1－27　2016届、2017届高职高专生毕业半年后在主要行业类的月收入＊

单位：元

高职高专行业类名称	2017届	2016届
运输业	4536	4113
金融(银行/保险/证券)业	4422	4139
媒体、信息及通信产业	4368	4006
房地产开发销售租赁及其他租赁业	4257	4100
电子电气仪器设备及电脑制造业	4129	3816
艺术、娱乐和休闲业	4054	3838
交通工具制造业	4048	3860
机械五金制造业	3948	3616
家具、医疗设备及其他制成品业	3924	3630
批发商业	3911	3601
初级金属制造业	3860	3600
水电煤气公用事业	3859	3622
零售商业	3840	3594
邮递、物流及仓储业	3827	3642
各类专业设计与咨询服务业	3755	3447
化学品、化工、塑胶业	3754	3513
矿业	3746	3596
其他服务业(除行政服务)	3644	3363
行政、商业和环境保护辅助业	3641	3372
农业、林业、渔业和畜牧业	3633	3452
纺织皮革及成品加工业	3598	3310
玻璃黏土、石灰水泥制品业	3590	3295
住宿和饮食业	3577	3353
建筑业	3574	3271
食品、烟草、加工业	3570	3441
木品和纸品业	3425	3272

高职高专行业类名称	2017 届	2016 届
政府及公共管理	3368	3207
医疗和社会护理服务业	3324	3155
教育业	3239	3073
全国高职高专	**3860**	**3599**

* 个别行业类因为样本较少，没有包括在内。

数据来源：麦可思－中国 2016 届、2017 届大学毕业生培养质量跟踪评价。

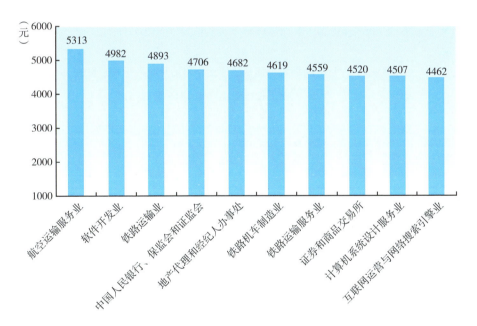

图 1－1－22 2017 届高职高专生毕业半年后月收入最高的前十位行业

数据来源：麦可思－中国 2017 届大学毕业生培养质量跟踪评价。

表 1－1－28 和表 1－1－29 分别是 2017 届高职高专生毕业半年后月收入增长最快/最慢的前五位行业类。可以看出，2017 届高职高专生毕业半年后月收入增长最快的行业类为"运输业"，增长率为 10.3%；毕业半年后月收入增长最慢的行业类为"食品、烟草、加工业"，增长率为 3.7%。

表 1 - 1 - 28　2017 届高职高专生毕业半年后月收入增长最快的

前五位行业类（与 2016 届对比）*

单位：%，元

高职高专行业类名称	增长率	2017 届	2016 届
运输业	10. 3	4536	4113
建筑业	9. 3	3574	3271
机械五金制造业	9. 2	3948	3616
媒体、信息及通信产业	9. 0	4368	4006
玻璃黏土、石灰水泥制品业	9. 0	3590	3295

＊毕业生规模过小的行业类不包括在此排序中。

数据来源：麦可思 - 中国 2016 届、2017 届大学毕业生培养质量跟踪评价。

表 1 - 1 - 29　2017 届高职高专生毕业半年后月收入增长最慢的

前五位行业类（与 2016 届对比）*

单位：%，元

高职高专行业类名称	增长率	2017 届	2016 届
食品、烟草、加工业	3. 7	3570	3441
房地产开发销售租赁及其他租赁业	3. 8	4257	4100
矿业	4. 2	3746	3596
木品和纸品业	4. 7	3425	3272
交通工具制造业	4. 9	4048	3860

＊毕业生规模过小的行业类不包括在此排序中。

数据来源：麦可思 - 中国 2016 届、2017 届大学毕业生培养质量跟踪评价。

5. 各用人单位类型的月收入

图 1 - 1 - 23 是 2016 届、2017 届高职高专生毕业半年后在各类型用人单位的月收入。可以看出，2017 届高职高专生毕业半年后在"国有企业"单位就业的人群月收入最高（4201 元）；与 2016 届相比，2017 届高职高专毕业生在各类型用人单位就业的月收入均有所上升。

图 1 - 1 - 24 是 2016 届、2017 届高职高专生毕业半年后在各规模用人单位的月收入。可以看出，2017 届高职高专毕业生在"3000 人以上"规模的大型用人单位就业的月收入最高（4489 元）；与 2016 届相比，2017 届高职高专毕业生在各规模用人单位就业的月收入均有所上升。

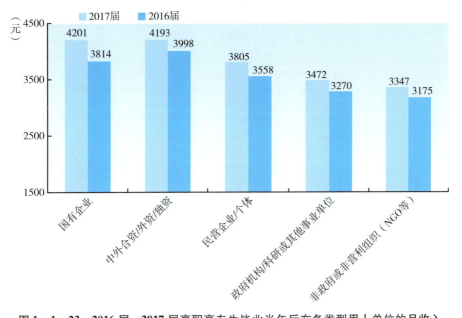

图1－1－23　2016届、2017届高职高专生毕业半年后在各类型用人单位的月收入

数据来源：麦可思－中国2016届、2017届大学毕业生培养质量跟踪评价。

图1－1－24　2016届、2017届高职高专生毕业半年后在各规模用人单位的月收入

数据来源：麦可思－中国2016届、2017届大学毕业生培养质量跟踪评价。

6. 各经济区域的月收入

图1－1－25是2016届、2017届高职高专生毕业半年后在各经济区域

就业的月收入。可以看出，2017 届高职高专生毕业半年后在泛长江三角洲区域经济体就业的月收入最高，为 4191 元。

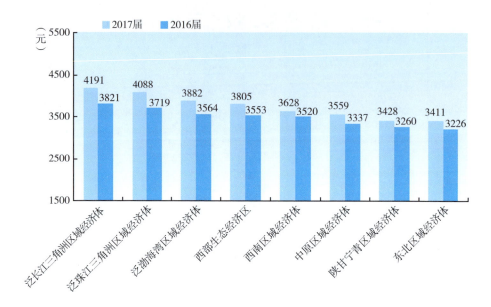

图 1-1-25 2016 届、2017 届高职高专生毕业半年后在各经济区域就业的月收入

数据来源：麦可思-中国 2016 届、2017 届大学毕业生培养质量跟踪评价。

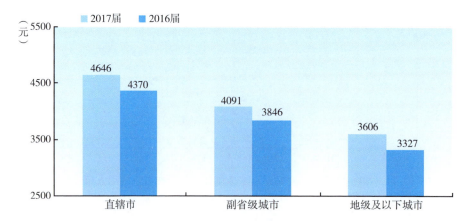

图 1-1-26 2016 届、2017 届高职高专生毕业半年后在各类型城市就业的月收入

数据来源：麦可思-中国 2016 届、2017 届大学毕业生培养质量跟踪评价。

（四）工作与专业相关度

1. 总体工作与专业相关度

工作与专业相关度 = 受雇全职工作并且与专业相关的毕业生人数/受雇全职工作的毕业生人数。

图1-1-27是2016届、2017届大学毕业生的工作与专业相关度。可以看出，2017届大学毕业生的工作与专业相关度为66%，与2016届（66%）持平。其中，本科和高职高专院校2017届毕业生的工作与专业相关度分别为71%、62%，均与2016届（分别为70%、62%）基本持平。

图1-1-27 2016届、2017届大学毕业生的工作与专业相关度

数据来源：麦可思-中国2016届、2017届大学毕业生培养质量跟踪评价。

2. 选择与专业无关工作的原因

图1-1-28是2016届、2017届高职高专毕业生选择与专业无关工作的主要原因。可以看出，2017届高职高专毕业生选择与专业无关工作的主要原因是"专业工作不符合自己的职业期待"（30%）、"迫于现实先就业再择业"（27%）。

3. 主要专业的专业相关度

表1-1-30是2016届、2017届高职高专各专业大类毕业生的工作与

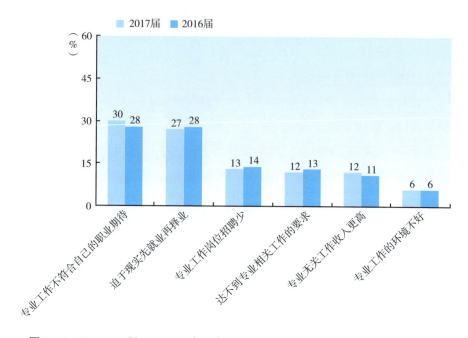

图1-1-28 2016届、2017届高职高专毕业生选择与专业无关工作的主要原因

数据来源：麦可思-中国2016届、2017届大学毕业生培养质量跟踪评价。

专业相关度。可以看出，在2017届高职高专专业大类中，专业相关度最高的是医药卫生大类（90%），其次是材料与能源大类（70%），最低的是旅游大类（49%）。

表1-1-30 2016届、2017届高职高专各专业大类毕业生的工作与专业相关度 *

单位：%

高职高专专业大类名称	2017届	2016届
医药卫生大类	90	89
材料与能源大类	70	72
土建大类	68	64
文化教育大类	67	65
水利大类	66	67
交通运输大类	65	65
艺术设计传媒大类	65	63
生化与药品大类	64	62

高职高专专业大类名称	2017 届	2016 届
资源开发与测绘大类	56	59
财经大类	56	58
农林牧渔大类	55	56
公共事业大类	55	54
制造大类	53	54
环保、气象与安全大类	53	52
电子信息大类	51	53
轻纺食品大类	50	52
旅游大类	49	50
全国高职高专	**62**	**62**

* 个别专业大类因为样本较少，没有包括在内。

数据来源：麦可思 – 中国 2016 届、2017 届大学毕业生培养质量跟踪评价。

表 1 – 1 – 31　2017 届高职高专毕业生工作与专业相关度排前 30 位的主要专业 *

单位：%

高职高专专业名称	工作与专业相关度
临床医学	93
助产	92
护理	92
学前教育	91
医学影像技术	89
高压输配电线路施工运行与维护	89
康复治疗技术	88
医学检验技术	88
药学	86
数学教育	83
医疗美容技术	83
中药	82
电力系统自动化技术	82
道路桥梁工程技术	82
发电厂及电力系统	82
初等教育	81
电力系统继电保护与自动化	81
药物制剂技术	81

续表

高职高专专业名称	工作与专业相关度
电气化铁道技术	81
语文教育	80
英语教育	78
公路监理	76
建筑设计技术	76
口腔医学技术	76
药品经营与管理	75
畜牧兽医	75
美术教育	74
铁道工程技术	74
市政工程技术	74
水利水电建筑工程	73
全国高职高专	62

*毕业生规模过小的专业不包括在此排序中。

数据来源：麦可思 – 中国 2017 届大学毕业生培养质量跟踪评价。

4. 主要职业的工作与专业相关度

表 1–1–32　2017 届高职高专毕业生工作与专业相关度要求最高的前 20 位职业*

单位：%

职业名称	工作与专业相关度
护士	98
紧急医疗救护及护理人员	98
牙科保健医师	98
放射技术员	97
兽医	96
医生助手	96
医学及临床实验的技术员	95
职业医疗师助理	95
民用航空器维护员	94
药剂技师	94
护士助理和护理员	94
预算员	92

续表

职业名称	工作与专业相关度
土木建筑工程技术员	92
建筑技术员	90
园林建筑技术员	90
理疗员	90
施工技术员	89
会计	89
车身修理技术员	89
工程造价师	89
全国高职高专	**62**

＊毕业生规模过小的职业不包括在此排序中。

数据来源：麦可思 – 中国2017届大学毕业生培养质量跟踪评价。

表 1 – 1 – 33　2017届高职高专毕业生工作与专业相关度要求最低的前20位职业＊

单位：%

职业名称	工作与专业相关度
证券和期货销售商	24
金融服务销售商	25
贷款顾问	26
休闲项目工作员	26
警察	26
信贷经纪人	26
房地产经纪人	28
个人理财顾问	29
文员	29
行政秘书和行政助理	29
数据录入员	29
手工包装工	30
行政服务经理	30
保险推销员	30
证券经纪人	32
融资专员	32
公关专员	32
其他种类的人力资源、培训和劳资关系专职人员	32
客服专员	33
餐饮服务主管	33
全国高职高专	**62**

＊毕业生规模过小的职业不包括在此排序中。

数据来源：麦可思 – 中国2017届大学毕业生培养质量跟踪评价。

（五）离职率

离职率： 有过工作经历的毕业生（从毕业时到 2017 年 12 月 31 日）有多大百分比发生过离职。离职率 = 曾经发生离职行为的毕业生人数/现在工作或曾经工作过的毕业生人数。

离职类型： 分为主动离职（辞职）、被雇主解职、两者均有（离职两次以上可能会出现）三类情形。

1. 离职率

图 1 - 1 - 29 是 2016 届、2017 届大学生毕业半年内的离职率。可以看出，2017 届大学毕业生毕业半年内的离职率为 33%，与 2016 届（34%）基本持平。其中，本科和高职高专院校 2017 届毕业生毕业半年内的离职率分别为 23%、42%，与 2016 届（分别为 24%、43%）基本持平。

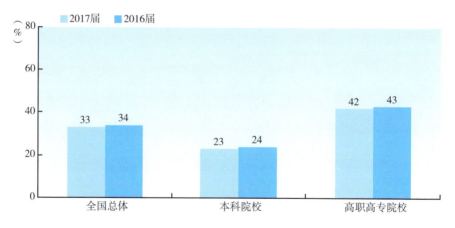

图 1 - 1 - 29 2016 届、2017 届大学生毕业半年内的离职率

数据来源：麦可思 - 中国 2016 届、2017 届大学毕业生培养质量跟踪评价。

表 1 - 1 - 34 是 2016 届、2017 届高职高专各专业大类毕业生毕业半年内的离职率。可以看出，在 2017 届高职高专专业大类中，医药卫生大类半年内的离职率最低（22%），艺术设计传媒大类半年内的离职率最高（53%）。

表 1 – 1 – 34 **2016 届、2017 届高职高专各专业大类毕业生毕业半年内的离职率**[*]

单位：%

高职高专专业大类名称	2017 届	2016 届
医药卫生大类	22	21
材料与能源大类	27	25
交通运输大类	33	33
生化与药品大类	38	40
水利大类	39	36
文化教育大类	39	40
资源开发与测绘大类	40	38
农林牧渔大类	42	41
环保、气象与安全大类	42	43
土建大类	44	45
公共事业大类	45	45
制造大类	46	45
旅游大类	47	47
轻纺食品大类	48	47
电子信息大类	49	50
财经大类	50	49
艺术设计传媒大类	53	52
全国高职高专	**42**	**43**

[*] 个别专业大类因为样本较少，没有包括在内。

数据来源：麦可思 – 中国 2016 届、2017 届大学毕业生培养质量跟踪评价。

2. 离职类型

图 1 – 1 – 30 和图 1 – 1 – 31 是 2016 届、2017 届高职高专毕业生的离职

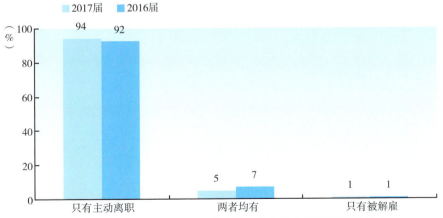

图 1 – 1 – 30 **2016 届、2017 届高职高专毕业生的离职类型分布**

数据来源：麦可思 – 中国 2016 届、2017 届大学毕业生培养质量跟踪评价。

类型分布和主动离职的原因。可以看出，2017届高职高专生毕业半年内离职的人群有99%发生过主动离职，主动离职的主要原因是"薪资福利偏低"（47%）、"个人发展空间不够"（46%）。

3. 主动离职原因

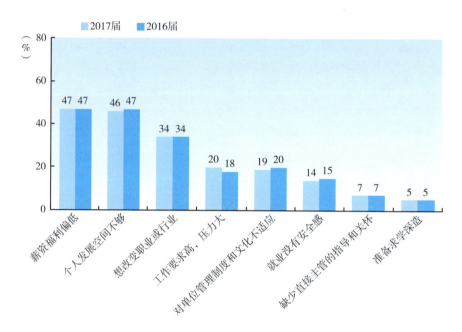

图1-1-31　2016届、2017届高职高专毕业生主动离职的原因（多选）

数据来源：麦可思-中国2016届、2017届大学毕业生培养质量跟踪评价专业预警。

（六）专业预警

红牌专业： 失业量较大，就业率、月收入和就业满意度综合较低的专业，为高失业风险型专业。

黄牌专业： 除红牌专业外，失业量较大，就业率、月收入和就业满意度综合较低的专业。

绿牌专业： 失业量较小，就业率、月收入和就业满意度综合较高的专业，为需求增长型专业。

出现红、黄牌专业的原因既可能是供大于求，也可能是培养质量达不到岗位需求，而这是导致大学毕业生找不到工作与企业招不到人才的原因之一。专业预警分析可以引导政府和高校主动调整学科专业设置，提高人才培养质量，增强高等教育的人才培养对社会需求的质与量的敏感度和反应性，从而更好地建立与社会需求相适应的专业结构。

表1-1-35是2018年高职高专"红黄绿牌"专业。2018年高职高专就业红牌专业包括：法律事务、汉语、食品营养与检测、初等教育、语文教育；黄牌专业包括：图形图像制作、会计电算化、影视动画、财务管理。以上专业部分与2017年的红黄牌专业相同，属于失业量较大，就业率、薪资和就业满意度综合较低的高失业风险型专业，这些专业具有持续性。

2018年高职高专就业绿牌专业包括：社会体育、市场营销、信息安全技术、软件技术、电气化铁道技术、电力系统自动化技术。以上专业部分与2017年的绿牌专业相同，属于失业量较小，就业率、薪资和就业满意度综合较高的需求增长型专业。

表1-1-35　2018年高职高专"红黄绿牌"专业

红牌专业	黄牌专业	绿牌专业
法律事务	图形图像制作	社会体育
汉语	会计电算化	市场营销
食品营养与检测	影视动画	信息安全技术
初等教育	财务管理	软件技术
语文教育		电气化铁道技术
		电力系统自动化技术

数据来源：麦可思-中国2015~2017届大学毕业生培养质量跟踪评价。

B.4
第二章
自主创业

一 自主创业比例

图1-2-1是2015~2017届大学毕业生半年后自主创业的比例变化趋势。可以看出，2017届大学生毕业半年后自主创业的比例为2.9%，与2016届、2015届（均为3.0%）基本持平。2017届高职高专生毕业半年后自主创业的比例（3.8%）高于本科毕业生（1.9%）。从近三届的趋势可以看出，大学毕业生自主创业的比例呈现平稳态势。

图1-2-1　2015~2017届大学生毕业半年后自主创业的比例变化趋势

数据来源：麦可思-中国2015~2017届大学毕业生培养质量跟踪评价。

就业经济区域自主创业比例 = 在本经济区域自主创业的毕业生人数/在本经济区域就业的毕业生人数。

图 1 - 2 - 2 是 2016 届、2017 届在各经济区域就业的高职高专毕业生自主创业的比例。可以看出，2017 届高职高专毕业生自主创业比例最高的就业经济区域为中原区域经济体（4.9％）。

图 1 - 2 - 2　2016 届、2017 届在各经济区域就业的高职高专毕业生自主创业的比例

数据来源：麦可思 - 中国 2016 届、2017 届大学毕业生培养质量跟踪评价。

二　自主创业分布

（一）创业人群分布

毕业三年后： 麦可思于 2017 年对 2014 届大学毕业生进行了三年后跟踪评价（曾于 2015 年初对这批大学毕业生进行过半年后跟踪评价），本报告涉及的三年内的变化分析即使用两次对同一批大学生的跟踪评价数据。

图 1 – 2 – 3 是 2014 届大学毕业生半年后自主创业的比例（与 2014 届三年后对比）。可以看出，2014 届大学生毕业半年后有 2.9% 的人自主创业（本科为 2.0%，高职高专为 3.8%），三年后有 6.3% 的人自主创业（本科为 4.1%，高职高专为 8.5%），说明有更多的毕业生在毕业三年内选择了自主创业。

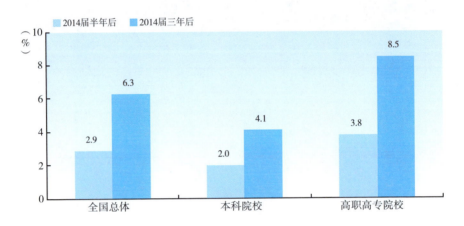

图 1 – 2 – 3 2014 届大学生毕业半年后自主创业的比例
（与 2014 届三年后对比）

数据来源：麦可思 – 中国 2014 届大学毕业生半年后培养质量跟踪评价，2014 届大学毕业生三年后职业发展跟踪评价。

图 1 – 2 – 4 是 2014 届高职高专毕业半年后自主创业毕业生三年后的就业去向分布。可以看出，毕业半年后自主创业的 2014 届高职高专毕业生中有 45.8% 的人三年后还在继续自主创业，比 2013 届（46.8%）略低；有 49.2% 的人选择了受雇工作，比 2013 届（47.7%）略高。

（二）职业分布

自主创业集中的职业类比例：自主创业人群中有多大比例的毕业生从事该职业类。分子是自主创业人群中从事该职业类的毕业生人数，分母是毕业生自主创业的总人数。

图 1 – 2 – 5 是 2017 届高职高专生毕业半年后自主创业最集中的前五位

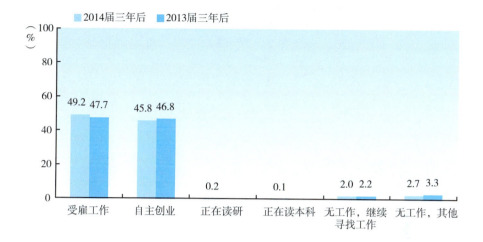

图 1 – 2 – 4 **2014 届高职高专毕业半年后自主创业毕业生三年后的
就业去向分布（与 2013 届三年后对比）**＊

＊正在读研人群包含"正在读博士"和"正在读硕士"。

数据来源：麦可思 – 中国 2013 届、2014 届大学毕业生三年后职业发展跟踪评价，2013
届、2014 届大学毕业生半年后培养质量跟踪评价。

职业类。可以看出，2017 届高职高专生毕业半年后自主创业主要集中在销
售类职业（13.1%）。

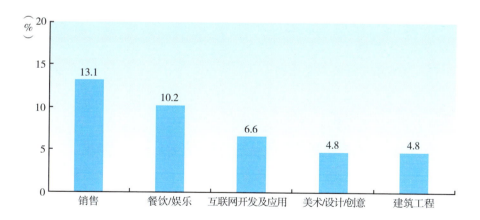

图 1 – 2 – 5 **2017 届高职高专生毕业半年后自主创业最集中的前五位职业类**

数据来源：麦可思 – 中国 2017 届大学毕业生培养质量跟踪评价。

图1-2-6是2014届高职高专生毕业三年后自主创业最集中的前五位职业类。可以看出，2014届高职高专生毕业三年后自主创业也主要集中在销售类职业（14.7%）。

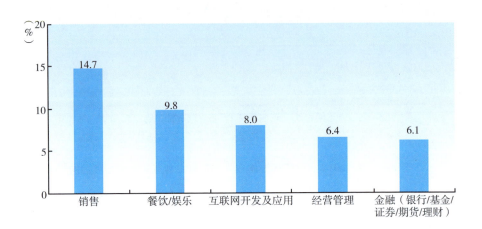

**图1-2-6　2014届高职高专生毕业三年后自主创业
最集中的前五位职业类**

数据来源：麦可思-中国2014届大学毕业生三年后职业发展跟踪评价。

（三）行业分布

自主创业集中的行业类比例：自主创业人群中有多大比例毕业生在该行业类就业，分子是自主创业人群中在该行业类就业的毕业生人数，分母是毕业生自主创业的总人数。

图1-2-7是2017届高职高专生毕业半年后自主创业最集中的前五位行业类。可以看出，2017届高职高专生毕业半年后自主创业主要集中在零售商业（12.3%）。

图1-2-8是2014届高职高专生毕业三年后自主创业最集中的前五位行业类。可以看出，2014届高职高专生毕业三年后自主创业也主要集中在零售商业（15.4%）。

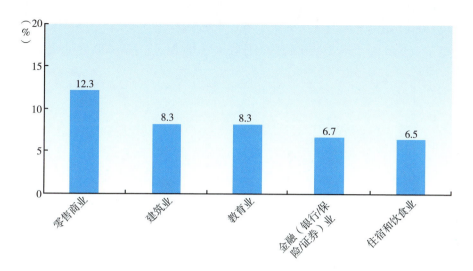

图 1 - 2 - 7 2017 届高职高专生毕业半年后自主创业最集中的前五位行业类

数据来源：麦可思 - 中国 2017 届大学毕业生培养质量跟踪评价。

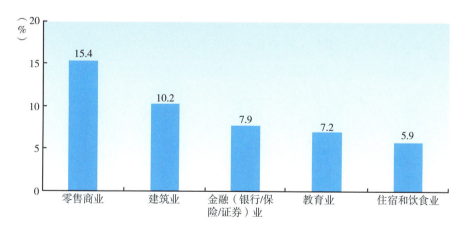

图 1 - 2 - 8 2014 届高职高专生毕业三年后自主创业最集中的前五位行业类

数据来源：麦可思 - 中国 2014 届大学毕业生三年后职业发展跟踪评价。

三 自主创业月收入

图 1 - 2 - 9 是 2017 届高职高专生毕业半年后自主创业的月收入。可以

看出，2017届高职高专生毕业半年后自主创业人群的月收入为4880元，比2017届高职高专生毕业半年后平均月收入（3860元）高1020元。

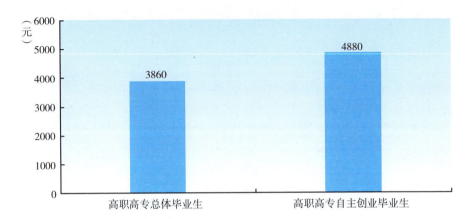

图1－2－9　2017届高职高专生毕业半年后自主创业的月收入

数据来源：麦可思－中国2017届大学毕业生培养质量跟踪评价。

图1－2－10是2014届高职高专生毕业半年后自主创业的月收入（与2014届三年后对比）。可以看出，2014届高职高专生毕业半年后自主创业人

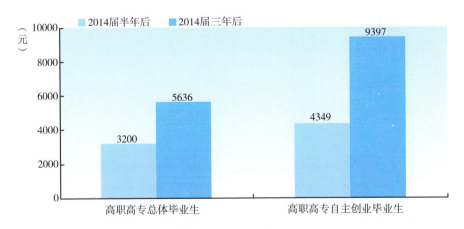

**图1－2－10　2014届高职高专生毕业半年后自主创业的
月收入（与2014届三年后对比）**

数据来源：麦可思－中国2014届大学毕业生半年后培养质量跟踪评价，2014届大学毕业生三年后职业发展跟踪评价。

群的月收入为4349元，三年后为9397元，涨幅为116%，明显高于2014届高职高专毕业生平均水平（半年后为3200元、三年后为5636元，涨幅为76%）。

四 自主创业动机

图1-2-11是2016届、2017届高职高专毕业生自主创业的动机分布。可以看出，创业理想是2017届高职高专毕业生自主创业最重要的动力（41%），选择自主创业的毕业生中，绝大多数（84%）属于"机会型创业"①，只有7%属于"生存型创业"。

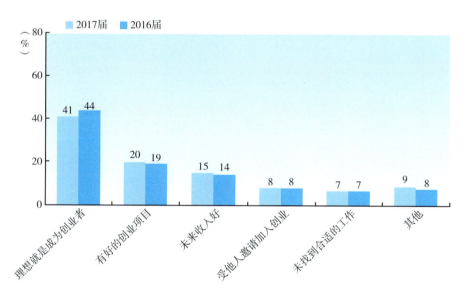

图1-2-11 2016届、2017届高职高专毕业生自主创业的动机分布

数据来源：麦可思-中国2016届、2017届大学毕业生培养质量跟踪评价。

---

① 机会型创业指的是为了抓住和充分利用市场机会而进行的创业，生存型创业指的是创业者因找不到合适的工作而进行的创业。该理论由全球创业观察（Global Entrepreneurship Monitor）2001年报告首次提出。其中，机会型创业包括：理想就是成为创业者、有好的创业项目、受他人邀请加入创业、未来收入好；生存型创业包括：未找到合适的工作。

五　自主创业资金来源

图 1－2－12 是 2016 届、2017 届高职高专毕业生自主创业的资金来源分布。可以看出，2017 届高职高专毕业生自主创业的资金主要依靠父母/亲友投资或借贷和个人积蓄（72%），而来自政府资助（4%）、商业性风险投资（2%）的比例均较小。

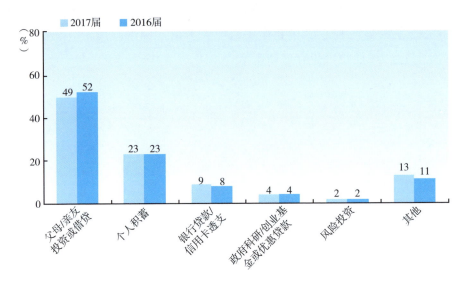

图 1－2－12　2016 届、2017 届高职高专毕业生自主创业的资金来源分布

数据来源：麦可思－中国 2016 届、2017 届大学毕业生培养质量跟踪评价。

六　自主创业风险

图 1－2－13 是 2016 届、2017 届高职高专毕业生自主创业的风险因素分布。可以看出，2017 届高职高专毕业生自主创业的主要风险因素为缺少资金（32%），其后是缺乏企业管理经验（24%）、市场推广困难（18%）。

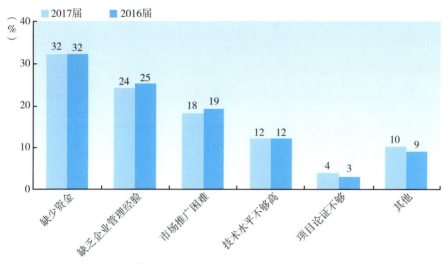

图 1 - 2 - 13 2016 届、2017 届高职高专毕业生自主创业的风险因素分布

数据来源：麦可思 - 中国 2016 届、2017 届大学毕业生培养质量跟踪评价。

七 创新能力

创新能力：35 项基本工作能力中与创新能力相关的几项能力，包括科学分析、批判性思维、积极学习、新产品构思四项能力。

图 1 - 2 - 14 是 2017 届大学毕业生的创新能力指标。可以看出，2017

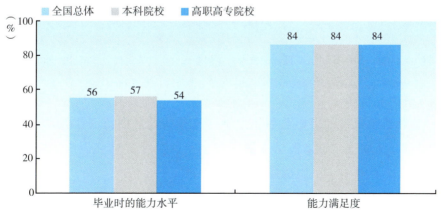

图 1 - 2 - 14 2017 届大学毕业生的创新能力指标

数据来源：麦可思 - 中国 2017 届大学毕业生培养质量跟踪评价。

届大学毕业生毕业时的创新能力水平为 56%（本科为 57%，高职高专为 54%），毕业生创新能力的满足度为 84%（本科、高职高专均为 84%）。

八　创业教育

图 1-2-15 是 2016 届、2017 届高职高专自主创业毕业生认为对创业有帮助的活动分布。可以看出，2017 届高职高专自主创业的毕业生认为对创业最有帮助的活动为"假期实习/课外兼职"（36%）。

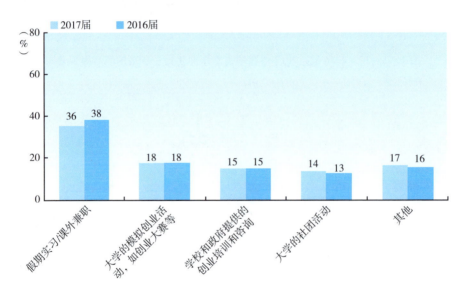

图 1-2-15　2016 届、2017 届高职高专自主创业毕业生认为对创业有帮助的活动分布

数据来源：麦可思-中国 2016 届、2017 届大学毕业生培养质量跟踪评价。

创新创业教育： 指毕业生在大学期间参加过的创新创业教育。包括："创业辅导活动"、"创业教学课程"、"创业竞赛活动"、"创业实践活动"、"其他"，一个毕业生可以选择参加多类教育。

创新创业教育有效性： 毕业生选择了参加某类创新创业教育后，会再评价该类教育对其工作或学习是否有帮助。创新创业教育有效性＝参加过该类教育并表示有帮助的人数/参加过该类教育的人数。

图 1–2–16 是 2017 届高职高专毕业生接受母校提供的创新创业教育及认为其有效的比例。可以看出，2017 届高职高专毕业生接受母校提供的创新创业教育主要是创业教学课程、创业辅导活动、创业实践活动（分别为44% 、41% 、34%），其有效性分别为65% 、69% 、78% 。

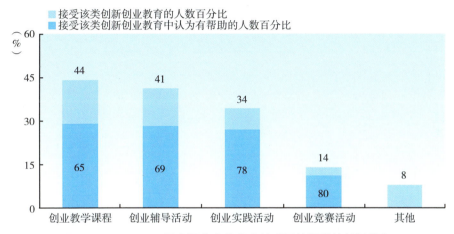

图 1–2–16　2017 届高职高专毕业生接受母校提供的创新创业
教育及认为其有效的比例（多选）

数据来源：麦可思–中国 2017 届大学毕业生培养质量跟踪评价。

图 1–2–17 是 2017 届高职高专毕业生认为母校创新创业教育需要改进的地方。可以看出，2017 届高职高专毕业生认为创新创业教育最需

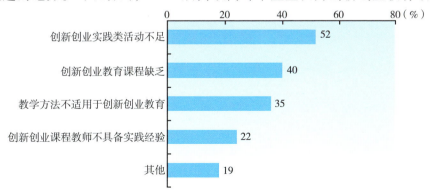

图 1–2–17　2017 届高职高专毕业生认为母校创新创业教育需要改进的地方（多选）

数据来源：麦可思–中国 2017 届大学毕业生培养质量跟踪评价。

要改进的地方是"创新创业实践类活动不足"（52%），其后是"创新创业教育课程缺乏"（40%）、"教学方法不适用于创新创业教育"（35%）。

B.5
第三章
专升本

一 读本科的比例

专升本：指高职高专毕业生毕业后继续就读本科。有专升本、专插本、专接本、专转本多种形式，本报告中统一称为"专升本"。

表1-3-1是2016届、2017届高职高专各专业大类读本科的比例。可以看出，2017届高职高专毕业生毕业后有5.4%选择了读本科，高职高专毕业生读本科比例最高的专业大类是文化教育大类（7.6%），最低的专业大类是资源开发与测绘大类（2.9%）。

表1-3-1 2016届、2017届高职高专各专业大类读本科的比例*

单位：%

高职高专专业大类名称	2017届	2016届
文化教育大类	7.6	7.4
财经大类	7.3	6.4
医药卫生大类	6.3	5.0
生化与药品大类	5.9	5.6
环保、气象与安全大类	5.7	5.6
艺术设计传媒大类	5.7	6.0
农林牧渔大类	5.5	4.8
电子信息大类	5.3	4.7
旅游大类	4.9	4.6
轻纺食品大类	4.7	4.1
土建大类	4.5	4.1
水利大类	4.2	4.3

续表

高职高专专业大类名称	2017 届	2016 届
公共事业大类	4.2	3.9
制造大类	4.1	3.5
材料与能源大类	3.9	3.4
交通运输大类	3.7	2.9
资源开发与测绘大类	2.9	2.4
全国高职高专	**5.4**	**4.9**

*个别专业大类因为样本较少，没有包括在内。

数据来源：麦可思－中国2016届、2017届大学毕业生培养质量跟踪评价。

二 读本科的原因

图1-3-1是2016届、2017届高职高专毕业生选择读本科的原因分布。可以看出，2017届高职高专毕业生选择读本科的主要原因是想去更好的大学（30%）、职业发展需要（26%）和就业前景好（25%）。

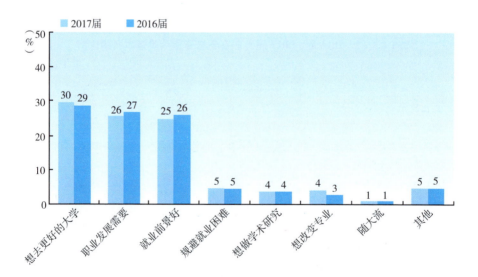

图1-3-1 2016届、2017届高职高专毕业生选择读本科的原因分布

数据来源：麦可思－中国2016届、2017届大学毕业生培养质量跟踪评价。

B.6

第四章
未就业分析

未就业： 本研究将应届毕业生在毕业半年后跟踪评价时没有全职或者半职雇用工作，也没有创业、入伍或升学的状态，视为未就业。这包括准备考研、准备出国读研、还在找工作和"待定族"四种情况。

待定族： 指跟踪评价时处于失业状态且不打算求职和求学的大学毕业生。

失业率 = 未就业毕业生数/需就业的总毕业生数，需就业的总毕业生数不包括国内外读研（本科毕业生）、读本科（高职高专毕业生）的人数。

一　失业率

图1－4－1是2015～2017届大学生毕业半年后的失业率变化趋势。可以看出，2017届大学生毕业半年后的失业率（8.1%）与2016届、2015届（分别为8.4%、8.3%）基本持平。其中，本科院校2017届毕业生的失业率（8.4%）与2016届（8.2%）基本持平，比2015届（7.8%）略高；高职高专院校2017届毕业生的失业率（7.9%）比2016届、2015届（分别为8.5%、8.8%）略低。从近三届的趋势可以看出，大学生毕业半年后失业率呈现平稳态势。

图1－4－2是2017届高职高专毕业人数最多的100位专业中失业率最高的10个专业。可以看出，2017届高职高专失业率最高的专业为初等教育（13.9%）。

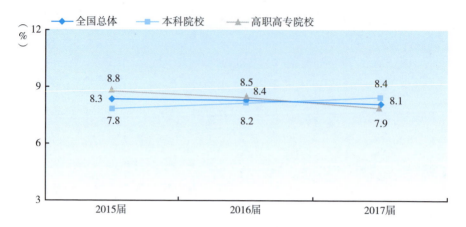

图 1－4－1　2015～2017 届大学生毕业半年后的失业率变化趋势

数据来源：麦可思－中国 2015～2017 届大学毕业生培养质量跟踪评价。

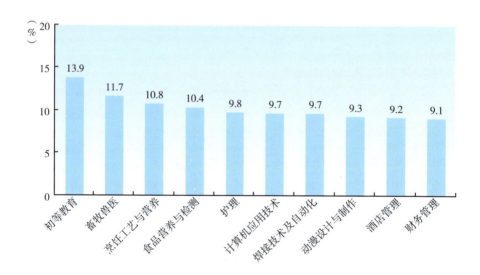

图 1－4－2　2017 届高职高专毕业人数最多的 100 位专业中失业率最高的 10 个专业

数据来源：麦可思－中国 2017 届大学毕业生培养质量跟踪评价。

二 未就业人群分布

图1－4－3是2017届大学毕业生的未就业人群分布。可以看出，在2017届大学毕业生的未就业人群中，大多数毕业生还在继续找工作。本科院校处于未就业状态的毕业生（7.0%）中有24%为"待定族"（不求学不求职），高职高专院校处于未就业状态的毕业生（7.5%）中有43%为"待定族"。

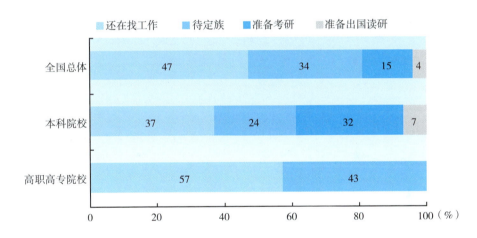

图1－4－3 2017届大学毕业生的未就业人群分布

数据来源：麦可思－中国2017届大学毕业生培养质量跟踪评价。

三 未就业人群打算

图1－4－4是2017届大学毕业生的"待定族"打算分布。可以看出，在2017届本科院校毕业半年后的"待定族"中，有41%的毕业生在准备公务员考试，有7%的毕业生准备创业。在高职高专院校毕业半年后的"待定族"中，有14%的毕业生准备创业，有13%的毕业生在准备公务员考试。

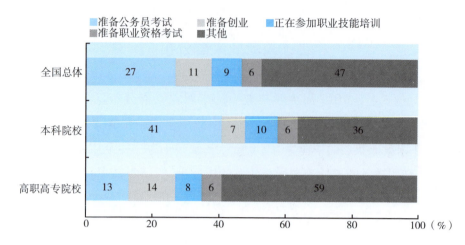

图 1 - 4 - 4   2017 届大学毕业生的"待定族"打算分布

数据来源：麦可思 - 中国 2017 届大学毕业生培养质量跟踪评价。

分报告二
职业发展报告

B.7
第一章
职位晋升

一 职位晋升比例

（一）总体职位晋升比例

毕业三年后： 麦可思于 2017 年对 2014 届大学毕业生进行了三年后跟踪评价（曾于 2015 年初对这批大学毕业生进行过半年后跟踪评价），本报告涉及的三年内的变化分析即使用两次对同一批大学生的跟踪评价数据。

职位晋升： 由已经工作的毕业生回答是否获得职位晋升以及获得晋升的次数。职位晋升是指享有比前一个职位更多的职权并承担更多的责任，由毕业生主观判断。这既包括不换雇主的内部提升，也包括通过更换雇主实现的晋升。

图 2－1－1 是 2014 届大学生毕业三年内平均获得职位晋升的比例。可以看出，2014 届大学生毕业三年内有 58% 的人获得职位晋升，与 2013 届（57%）基本持平。其中，本科这一比例为 56%，略高于 2013 届（54%）；高职高专这一比例为 61%，与 2013 届（60%）基本持平。

图 2－1－1　2014 届大学生毕业三年内平均获得职位晋升的比例
（与 2013 届三年内对比）

数据来源：麦可思－中国 2013 届、2014 届大学毕业生三年后职业发展跟踪评价。

（二）各专业大类的职位晋升比例

表 2－1－1 是 2014 届高职高专各专业大类毕业生毕业三年内平均获得职位晋升的比例。可以看出，2014 届高职高专旅游大类毕业生三年内获得职位晋升的比例最高（69%），医药卫生大类最低（39%）。

（三）主要职业的职位晋升比例

表 2－1－2 是 2014 届高职高专主要职业类毕业生毕业三年内平均获得职位晋升的比例。可以看出，2014 届高职高专从事"经营管理"职业类的毕业生三年内获得职位晋升的比例最高（85%），从事"医疗保健/紧急救助"职业类的毕业生三年内获得职位晋升的比例最低（35%）。

表 2 – 1 – 1　2014 届高职高专各专业大类毕业生毕业三年内平均获得职位晋升的比例 *

单位：%

高职高专专业大类名称	获得职位晋升的比例
旅游大类	69
艺术设计传媒大类	66
轻纺食品大类	64
制造大类	63
财经大类	63
农林牧渔大类	62
材料与能源大类	61
土建大类	61
电子信息大类	60
文化教育大类	60
生化与药品大类	58
交通运输大类	56
资源开发与测绘大类	55
医药卫生大类	39
全国高职高专	**61**

* 个别专业大类因为样本较少，没有包括在内。

数据来源：麦可思 – 中国 2014 届大学毕业生三年后职业发展跟踪评价。

表 2 – 1 – 2　2014 届高职高专主要职业类毕业生毕业三年内平均获得职位晋升的比例 *

单位：%

高职高专职业类名称	获得职位晋升的比例
经营管理	85
房地产经营	75
餐饮/娱乐	74
酒店/旅游/会展	73
人力资源	73
高等教育/职业培训	72
美容/健身	72
销售	70
表演艺术/影视	69
互联网开发及应用	68
美术/设计/创意	68
生产/运营	67

高职高专职业类名称	获得职位晋升的比例
幼儿与学前教育	66
农/林/牧/渔类	66
金融(银行/基金/证券/期货/理财)	66
保险	65
测绘	64
电气/电子(不包括计算机)	64
物流/采购	63
环境保护	62
机动车机械/电子	62
建筑工程	61
电力/能源	61
工业安全与质量	60
媒体/出版	59
计算机与数据处理	58
服装/纺织/皮革	57
财务/审计/税务/统计	57
机械/仪器仪表	56
社区工作者	54
生物/化工	54
交通运输/邮电	51
行政/后勤	51
中小学教育	49
矿山/石油	40
公安/检察/法院/经济执法	36
医疗保健/紧急救助	35
全国高职高专	**61**

＊个别职业类因为样本较少，没有包括在内。

数据来源：麦可思－中国2014届大学毕业生三年后职业发展跟踪评价。

（四）主要行业的职位晋升比例

表2－1－3是2014届高职高专主要行业类毕业生毕业三年内平均获得职位晋升的比例。可以看出，2014届高职高专在"住宿和饮食业"就业的

毕业生三年内获得职位晋升的比例最高（75%），在"政府及公共管理"就业的毕业生三年内获得职位晋升的比例最低（39%）。

表 2-1-3　2014 届高职高专主要行业类毕业生毕业三年内平均获得职位晋升的比例[*]

单位：%

高职高专行业类名称	获得职位晋升的比例
住宿和饮食业	75
艺术、娱乐和休闲业	72
金融（银行/保险/证券）业	70
房地产开发销售租赁及其他租赁业	69
零售商业	69
食品、烟草、加工业	68
媒体、信息及通信产业	66
各类专业设计与咨询服务业	66
其他服务业（除行政服务）	65
批发商业	65
电子电气仪器设备及电脑制造业	64
邮递、物流及仓储业	64
教育业	64
农业、林业、渔业和畜牧业	64
家具、医疗设备及其他制成品业	64
建筑业	62
纺织皮革及成品加工业	61
水电煤气公用事业	61
机械五金制造业	59
化学品、化工、塑胶业	58
交通工具制造业	58
行政、商业和环境保护辅助业	57
初级金属制造业	56
运输业	50
矿业	41
医疗和社会护理服务业	41
政府及公共管理	39
全国高职高专	**61**

[*]个别行业类因为样本较少，没有包括在内。

数据来源：麦可思-中国 2014 届大学毕业生三年后职业发展跟踪评价。

二 职位晋升次数

（一）总体职位晋升次数

职位晋升次数：由毕业生回答获得职位晋升的次数，计算公式的分子是三年内毕业生获得的职位晋升次数，没有获得职位晋升的人记为0次，分母是三年内就业和就业过的毕业生数。

图2-1-2是2014届大学生毕业三年内平均获得职位晋升的次数。可以看出，2014届大学生毕业三年内平均获得职位晋升1.0次，略高于2013届（0.9次）。其中，本科为0.9次，略高于2013届（0.8次）；高职高专毕业生为1.0次，与2013届（1.0次）持平。

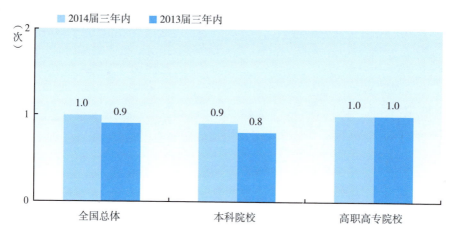

图2-1-2 2014届大学生毕业三年内平均获得职位晋升的次数
（与2013届三年内对比）

数据来源：麦可思-中国2013届、2014届大学毕业生三年后职业发展跟踪评价。

图2-1-3是2014届高职高专生毕业三年内平均获得职位晋升的频度。可以看出，2014届高职高专生毕业三年内有31%获得过1次晋升，有11%获得过3次及以上的晋升。

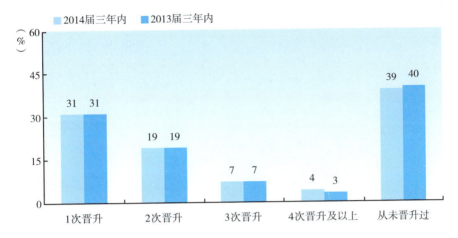

图 2 - 1 - 3　2014 届高职高专生毕业三年内平均获得职位晋升的频度
（与 2013 届三年内对比）

数据来源：麦可思 - 中国 2013 届、2014 届大学毕业生三年后职业发展跟踪评价。

（二）各专业大类的职位晋升次数

表 2 - 1 - 4 是 2014 届高职高专各专业大类毕业生毕业三年内平均获得职位晋升的次数。可以看出，2014 届高职高专艺术设计传媒大类毕业生三年内获得职位晋升的次数最多（1.3 次），医药卫生大类毕业生毕业三年内获得职位晋升的次数最少（0.6 次）。

表 2 - 1 - 4　2014 届各专业大类毕业生毕业三年内平均获得职位晋升的次数*
单位：次

高职高专专业大类名称	获得职位晋升的次数
艺术设计传媒大类	1.3
旅游大类	1.2
土建大类	1.1
制造大类	1.1
财经大类	1.1
轻纺食品大类	1.1
电子信息大类	1.1
材料与能源大类	1.0

续表

高职高专专业大类名称	获得职位晋升的次数
农林牧渔大类	1.0
资源开发与测绘大类	1.0
文化教育大类	0.9
交通运输大类	0.9
生化与药品大类	0.9
医药卫生大类	0.6
全国高职高专	**1.0**

＊个别专业大类因为样本较少，没有包括在内。

数据来源：麦可思－中国2014届大学毕业生三年后职业发展跟踪评价。

（三）主要职业的职位晋升次数

表2－1－5是2014届高职高专主要职业类毕业生三年内平均获得职位晋升的次数。可以看出，2014届高职高专从事"经营管理"职业类的毕业生三年内获得职位晋升的次数最多（2.0次），从事"矿山/石油"职业类的毕业生三年内获得职位晋升次数最少（0.5次）。

表2－1－5　2014届高职高专主要职业类毕业生三年内平均获得职位晋升的次数＊

单位：次

高职高专职业类名称	获得职位晋升的次数
经营管理	2.0
餐饮/娱乐	1.6
表演艺术/影视	1.5
酒店/旅游/会展	1.4
房地产经营	1.4
高等教育/职业培训	1.4
人力资源	1.3
互联网开发及应用	1.3
销售	1.3
美术/设计/创意	1.3
美容/健身	1.3
保险	1.2

续表

高职高专职业类名称	获得职位晋升的次数
生产/运营	1.2
金融(银行/基金/证券/期货/理财)	1.2
测绘	1.1
机动车机械/电子	1.1
电气/电子(不包括计算机)	1.1
农/林/牧/渔类	1.1
幼儿与学前教育	1.1
计算机与数据处理	1.0
物流/采购	1.0
服装/纺织/皮革	1.0
媒体/出版	1.0
建筑工程	1.0
电力/能源	1.0
财务/审计/税务/统计	1.0
机械/仪器仪表	1.0
环境保护	1.0
工业安全与质量	0.9
生物/化工	0.8
行政/后勤	0.8
社区工作者	0.8
中小学教育	0.7
交通运输/邮电	0.7
公安/检察/法院/经济执法	0.6
医疗保健/紧急救助	0.6
矿山/石油	0.5
全国高职高专	**1.0**

＊个别职业类因为样本较少，没有包括在内。

数据来源：麦可思－中国2014届大学毕业生三年后职业发展跟踪评价。

（四）主要行业的职位晋升次数

表2－1－6是2014届高职高专主要行业类毕业生三年内平均获得职位晋升的次数。可以看出，2014届高职高专在"住宿和饮食业"就业的毕业生三年内获得职位晋升的次数最多（1.5次），在"政府及公共管理"、"医

疗和社会护理服务业"就业的毕业生三年内获得职位晋升的次数最少（均为0.6次）。

表2-1-6 2014届高职高专主要行业类毕业生三年内平均获得职位晋升的次数*

单位：次

高职高专行业类名称	获得职位晋升的次数
住宿和饮食业	1.5
艺术、娱乐和休闲业	1.4
金融（银行/保险/证券）业	1.3
房地产开发销售租赁及其他租赁业	1.2
零售商业	1.2
媒体、信息及通信产业	1.2
各类专业设计与咨询服务业	1.2
批发商业	1.2
食品、烟草、加工业	1.2
农业、林业、渔业和畜牧业	1.2
邮递、物流及仓储业	1.1
其他服务业（除行政服务）	1.1
电子电气仪器设备及电脑制造业	1.1
建筑业	1.1
家具、医疗设备及其他制成品业	1.1
机械五金制造业	1.0
纺织皮革及成品加工业	1.0
教育业	1.0
水电煤气公用事业	1.0
行政、商业和环境保护辅助业	0.9
交通工具制造业	0.9
化学品、化工、塑胶业	0.9
初级金属制造业	0.9
运输业	0.8
矿业	0.7
医疗和社会护理服务业	0.6
政府及公共管理	0.6
全国高职高专	**1.0**

*个别行业类因为样本较少，没有包括在内。

数据来源：麦可思-中国2014届大学毕业生三年后职业发展跟踪评价。

三 职位晋升的类型

（一）三年后职位晋升类型

图2-1-4是2014届高职高专毕业生职位晋升的类型。可以看出，2014届高职高专毕业生职位晋升的类型主要是薪资的增加（74%）、工作职责的增加（69%）。

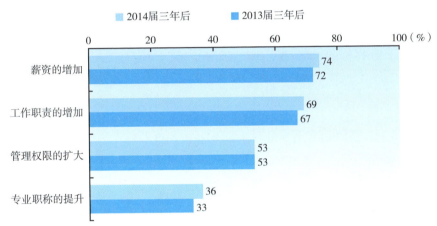

图2-1-4 **2014届高职高专生毕业三年后职位晋升的类型（多选）**
（与2013届三年后对比）

数据来源：麦可思-中国2013届、2014届大学毕业生三年后职业发展跟踪评价。

（二）十年后职位晋升类型

毕业十年后： 麦可思于2017年底对2006届、2007届大学毕业生进行了十年后跟踪评价（曾于2007年、2008年初对这批大学毕业生进行过半年后跟踪评价，2009年、2010年底对同批大学毕业生进行过三年后再跟踪评价），本报告涉及的十年后变化分析即使用三次对同一批大学生的跟踪评价数据。

图2-1-5、图2-1-6是2006届、2007届大学生毕业十年后的岗位类型及职务分布。可以看出，2006届、2007届大学生毕业十年后有58%从

事管理岗，有42%从事技术岗；从职务来看，有9%处于高管层，有51%处于中管层。大学毕业生毕业十年后已普遍成为职场"中坚"力量。

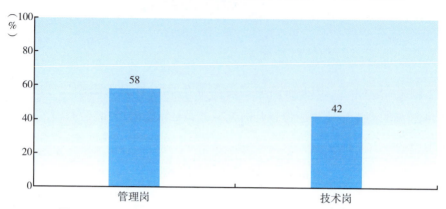

图2－1－5　2006届、2007届大学生毕业十年后岗位类型分布

数据来源：麦可思－中国2006届、2007届大学毕业生十年后职业发展跟踪评价。

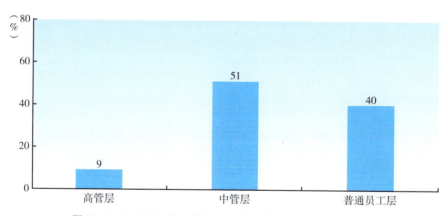

图2－1－6　2006届、2007届大学生毕业十年后职务分布

数据来源：麦可思－中国2006届、2007届大学毕业生十年后职业发展跟踪评价。

四　对职位晋升有帮助的活动与因素

图2－1－7是2014届高职高专生毕业三年后认为对职位晋升有帮助的大学活动。可以看出，2014届高职高专毕业生认为对职位晋升有帮助的大学活动主

要是扩大社会人脉关系（40%），其后是假期实习/课外兼职（35%）、课上所学的知识和技能（33%）、课下自学的知识和技能（含培训）（32%）等。

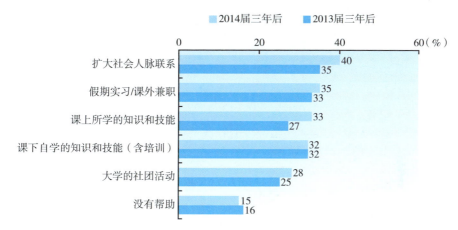

图 2 - 1 - 7　**2014 届高职高专生毕业三年后认为对职位晋升有帮助的大学活动（多选）（与 2013 届三年后对比）**

数据来源：麦可思 - 中国 2013 届、2014 届大学毕业生三年后职业发展跟踪评价。

图 2 - 1 - 8 是 2006 届、2007 届大学生毕业十年后认为对职位晋升有帮助的因素。可以看出，2006 届、2007 届大学毕业生认为对职位晋升有帮助的因素主要是工作表现（79%）、工作经验（71%）。

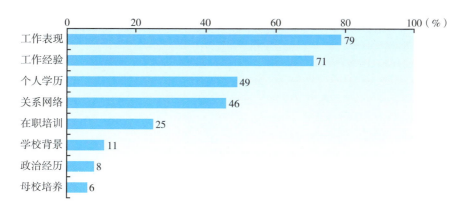

图 2 - 1 - 8　**2006 届、2007 届大学生毕业十年后认为对职位晋升有帮助的因素（多选）**

数据来源：麦可思 - 中国 2006 届、2007 届大学毕业生十年后职业发展跟踪评价。

B.8
第二章
薪资增长

一 总体月收入与涨幅

月收入增长 = 毕业三年后的月收入 - 毕业半年后的月收入。

月收入涨幅 = 月收入增长/毕业半年后的月收入。

图2-2-1是2014届大学生毕业三年后的月收入。可以看出，2014届大学生毕业三年后平均月收入为6341元（本科为7045元，高职高专为5636元）。2014届毕业半年后的月收入为3487元（本科为3773元，高职高专为3200元），三年来月收入增长了2854元，涨幅为82%。其中，本科增长了3272元，涨幅为87%；高职高专增长了2436元，涨幅为76%。

图2-2-1 2014届大学生毕业三年后的月收入（与2014届半年后对比）

数据来源：麦可思-中国2014届大学毕业生三年后职业发展跟踪评价，2014届大学毕业生半年后培养质量跟踪评价。

134

图 2 - 2 - 2　2014 届大学生毕业三年后的月收入（与 2013 届三年后对比）

数据来源：麦可思 - 中国 2013 届、2014 届大学毕业生三年后职业发展跟踪评价。

　　图 2 - 2 - 3 是 2014 届高职高专生毕业三年后的月收入分布。可以看出，2014 届高职高专生毕业三年后有 10.8% 的人月收入在 10000 元及以上，有 7.8% 的人月收入在 3000 元以下。

图 2 - 2 - 3　2014 届高职高专生毕业三年后的月收入分布（与 2013 届三年后对比）*

* 图中显示的数字均保留一位小数，因为四舍五入进位，加起来可能不等于 100%。
数据来源：麦可思 - 中国 2013 届、2014 届大学毕业生三年后职业发展跟踪评价。

图2-2-4是2014届大学生毕业三年后学历提升人群的比例。可以看出，2014届本科生毕业三年后学历提升为硕士的比例为17.3%，高职高专生毕业三年后学历提升为本科的比例为31.0%。

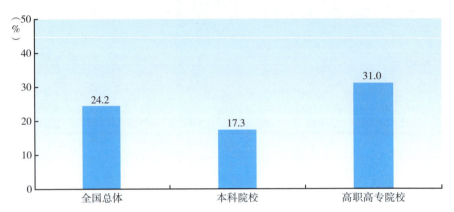

图2-2-4　2014届大学生毕业三年后学历提升人群的比例

数据来源：麦可思-中国2014届大学毕业生三年后职业发展跟踪评价，2014届大学毕业生半年后培养质量跟踪评价。

图2-2-5是2014届大学生毕业三年后学历提升人群和学历未提升人群的月收入对比。可以看出，2014届大学毕业生毕业三年后学历提升

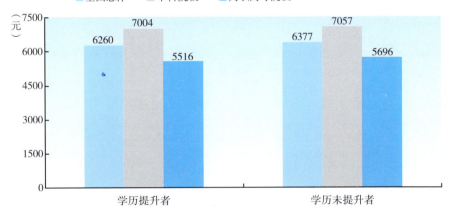

图2-2-5　2014届大学生毕业三年后学历提升人群和学历未提升人群的月收入对比

数据来源：麦可思-中国2014届大学毕业生三年后职业发展跟踪评价，2014届大学毕业生半年后培养质量跟踪评价。

人群的月收入为 6260 元，略低于学历一直未提升人群的月收入（6377元）。其中，本科毕业三年后学历为硕士人群的月收入为 7004 元，学历仍然为本科人群的月收入为 7057 元；高职高专毕业三年后学历为本科人群的月收入为 5516 元，学历仍然为高职高专人群的月收入为 5696 元。提升学历人群可能因毕业时间短还不能体现学历提升带来的更大的教育回报。

二 主要专业的月收入与涨幅

表 2 – 2 – 1 是 2014 届高职高专各专业大类毕业生毕业三年后的月收入及增长。2014 届高职高专专业大类中三年后月收入最高的是电子信息大类，为 6491 元，高出该专业大类半年后月收入（3439 元）3052 元；三年后月收入最低的是文化教育大类，为 5033 元，高出该专业大类半年后月收入（3065 元）1968 元。

表 2 – 2 – 1 2014 届高职高专各专业大类毕业生毕业三年后的月收入及增长[*]

单位：元

高职高专专业大类名称	毕业三年后的平均月收入	毕业半年后的平均月收入	月收入增长
电子信息大类	6491	3439	3052
交通运输大类	6436	3604	2832
土建大类	6012	3061	2951
制造大类	6002	3455	2547
艺术设计传媒大类	5898	3099	2799
材料与能源大类	5863	3224	2639
轻纺食品大类	5534	3091	2443
财经大类	5509	3049	2460
旅游大类	5493	3068	2425
资源开发与测绘大类	5423	3375	2048
农林牧渔大类	5383	3135	2248
生化与药品大类	5380	3144	2236

续表

高职高专专业 大类名称	毕业三年后的 平均月收入	毕业半年后的 平均月收入	月收入增长
医药卫生大类	5062	2745	2317
文化教育大类	5033	3065	1968
全国高职高专	**5636**	**3200**	**2436**

* 个别专业大类因为样本较少，没有包括在内。

数据来源：麦可思 – 中国 2014 届大学毕业生三年后职业发展跟踪评价，2014 届大学毕业生半年后培养质量跟踪评价。

表 2 – 2 – 2　2014 届高职高专主要专业类毕业生毕业三年后的月收入及增长 *

单位：元

高职高专 专业类名称	毕业三年后的 平均月收入	毕业半年后的 平均月收入	月收入增长
计算机类	6940	3408	3532
土建施工类	6288	3251	3037
公路运输类	6257	3476	2781
艺术设计类	6256	3204	3052
建筑设计类	6250	3023	3227
电子信息类	6234	3415	2819
通信类	6224	3487	2737
汽车类	6219	3417	2802
机械设计制造类	6107	3456	2651
市场营销类	6091	3415	2676
自动化类	5944	3459	2485
财政金融类	5937	3163	2774
工商管理类	5878	3210	2668
房地产类	5859	3161	2698
电力技术类	5845	3157	2688
测绘类	5810	3556	2254
经济贸易类	5784	3197	2587
港口运输类	5756	3352	2404
建筑设备类	5732	3163	2569
工程管理类	5719	2931	2788

续表

高职高专 专业类名称	毕业三年后的 平均月收入	毕业半年后的 平均月收入	月收入增长
广播影视类	5696	3276	2420
畜牧兽医类	5695	3290	2405
材料类	5638	3418	2220
机电设备类	5603	3474	2129
旅游管理类	5516	3009	2507
化工技术类	5409	3349	2060
纺织服装类	5409	3172	2237
公共管理类	5405	2956	2449
医学技术类	5387	2951	2436
语言文化类	5364	3173	2191
护理类	5319	2653	2666
制药技术类	5258	2910	2348
环保类	5149	3075	2074
林业技术类	5061	3085	1976
药学类	4818	2747	2071
食品类	4765	2939	1826
财务会计类	4749	2832	1917
教育类	4266	2742	1524
全国高职高专	5636	3200	2436

＊个别专业类因为样本较少，没有包括在内。

数据来源：麦可思－中国2014届大学毕业生三年后职业发展跟踪评价，2014届大学毕业生半年后培养质量跟踪评价。

三 主要职业的月收入与涨幅

表2－2－3是2014届高职高专生毕业三年后从事的主要职业类的月收入及增长。2014届高职高专生毕业三年后从事"经营管理"职业类的月收入最高，为7608元，高出半年后从事该职业类的高职高专毕业生月收入（3763元）3845元；三年后月收入最低的是从事"社区工作者"职业类的高职高专毕业生，为4076元，高出半年后从事该职业类的高职高专毕业生月收入（2669元）1407元。

表 2 - 2 - 3　2014 届高职高专毕业生毕业三年后从事的主要职业类的月收入及增长*

单位：元

高职高专职业类名称	毕业三年后的平均月收入	毕业半年后的平均月收入	月收入增长
经营管理	7608	3763	3845
互联网开发及应用	7556	3650	3906
房地产经营	7367	3665	3702
计算机与数据处理	7178	3544	3634
金融(银行/基金/证券/期货/理财)	7038	3782	3256
销售	6748	3484	3264
美术/设计/创意	6326	3110	3216
交通运输/邮电	6284	3732	2552
媒体/出版	6036	3046	2990
建筑工程	6006	3122	2884
测绘	5901	3298	2603
餐饮/娱乐	5876	3125	2751
保险	5802	3441	2361
电力/能源	5775	3229	2546
生产/运营	5660	3516	2144
电气/电子(不包括计算机)	5619	3437	2182
矿山/石油	5567	3823	1744
机械/仪器仪表	5529	3384	2145
酒店/旅游/会展	5440	3024	2416
机动车机械/电子	5437	3374	2063
工业安全与质量	5413	3273	2140
农/林/牧/渔类	5261	3164	2097
高等教育/职业培训	5228	3096	2132
生物/化工	5186	3150	2036
医疗保健/紧急救助	5146	2708	2438
物流/采购	5127	3170	1957
公安/检察/法院/经济执法	5120	2876	2244
人力资源	4956	3063	1893
财务/审计/税务/统计	4732	2713	2019
中小学教育	4427	2637	1790
行政/后勤	4158	2741	1417
幼儿与学前教育	4129	2528	1601
社区工作者	4076	2669	1407
全国高职高专	**5636**	**3200**	**2436**

　*个别职业类因为样本较少，没有包括在内。

　数据来源：麦可思 - 中国 2014 届大学毕业生三年后职业发展跟踪评价，2014 届大学毕业生半年后培养质量跟踪评价。

四 主要行业的月收入与涨幅

表 2 – 2 – 4 是 2014 届高职高专生毕业三年后在主要行业类的月收入及增长。2014 届高职高专生毕业三年后在"金融（银行/保险/证券）业"就业的毕业生月收入最高，为 7145 元，高出半年后在该行业类就业的毕业生月收入（3720 元）3425 元；三年后月收入最低的是就业于"行政、商业和环境保护辅助业"的高职高专毕业生，为 4638 元，高出半年后在该行业类就业的毕业生月收入（2863 元）1775 元。

表 2 – 2 – 4　2014 届高职高专毕业生毕业三年后在主要行业类的月收入及增长 *

单位：元

高职高专行业类名称	毕业三年后的平均月收入	毕业半年后的平均月收入	月收入增长
金融（银行/保险/证券）业	7145	3720	3425
媒体、信息及通信产业	7063	3443	3620
房地产开发销售租赁及其他租赁业	6573	3478	3095
艺术、娱乐和休闲业	6492	3407	3085
运输业	6191	3677	2514
各类专业设计与咨询服务业	6060	3084	2976
批发商业	5996	3121	2875
家具、医疗设备及其他制成品业	5933	3246	2687
建筑业	5892	3086	2806
交通工具制造业	5880	3604	2276
零售商业	5689	3170	2519
电子电气仪器设备及电脑制造业	5646	3398	2248
水电煤气公用事业	5607	3108	2499
住宿和饮食业	5449	2940	2509
纺织皮革及成品加工业	5435	3132	2303
食品、烟草、加工业	5395	3171	2224
机械五金制造业	5337	3187	2150
邮递、物流及仓储业	5276	3261	2015
矿业	5273	3404	1869
农业、林业、渔业和畜牧业	5209	3142	2067
医疗和社会护理服务业	5120	2764	2356
其他服务业（除行政服务）	4994	2993	2001
教育业	4863	2830	2033
化学品、化工、塑胶业	4844	3131	1713

续表

高职高专 行业类名称	毕业三年后的 平均月收入	毕业半年后的 平均月收入	月收入增长
初级金属制造业	4743	3357	1386
政府及公共管理	4647	2837	1810
行政、商业和环境保护辅助业	4638	2863	1775
全国高职高专	**5636**	**3200**	**2436**

*个别行业类因为样本较少，没有包括在内。

数据来源：麦可思－中国2014届大学毕业生三年后职业发展跟踪评价，2014届大学毕业生半年后培养质量跟踪评价。

五　各用人单位的月收入与涨幅

图2－2－6是2014届高职高专生毕业三年后在各类型用人单位就业的

图2－2－6　2014届高职高专毕业生毕业三年后在各类型用人单位的月收入*

*非政府或非营利组织（NGO等）用人单位因为样本较少，没有包括在内。

数据来源：麦可思－中国2014届大学毕业生三年后职业发展跟踪评价，2014届大学毕业生半年后培养质量跟踪评价。

月收入。可以看出，2014届高职高专生毕业三年后在"民营企业/个体"就业的月收入最高（5871元），与2014届毕业半年后比，月收入涨幅也最大，为86%。

图2-2-7是2014届高职高专生毕业三年后在各规模用人单位的月收入。可以看出，2014届高职高专生毕业三年后在3000人以上规模的大型用人单位就业的月收入最高（6296元）。

图2-2-7　2014届高职高专毕业生毕业三年后在各规模用人单位的月收入

数据来源：麦可思－中国2014届大学毕业生三年后职业发展跟踪评价，2014届大学毕业生半年后培养质量跟踪评价。

六　各经济区域的月收入与涨幅

图2-2-8是2014届高职高专生毕业三年后在各经济区域就业的月收入。可以看出，2014届高职高专生毕业三年后在泛长江三角洲区域经济体就业的月收入最高（6244元），较毕业半年后月收入增长了2875元，涨幅为85%；在东北区域经济体就业的高职高专生毕业三年后月收入最低（5067元），增长了2136元，涨幅为73%。

图 2 – 2 – 8　2014 届高职高专毕业生毕业三年后在各经济区域就业的月收入 *

* 西部生态经济区因为样本较少，没有包括在内。

数据来源：麦可思 – 中国 2014 届大学毕业生三年后职业发展跟踪评价，2014 届大学毕业生半年后培养质量跟踪评价。

一 去向分布

图 2 - 3 - 1 是 2014 届大学生毕业三年后的就业去向分布。可以看出，2014 届大学生毕业三年后有 85.5% 受雇工作（本科为 86.4%，高职高专为 84.7%），6.3% 的人自主创业（本科为 4.1%，高职高专为 8.5%），3.7% 的人正在读研（本科为 6.8%，高职高专为 0.6%），1.9% 的人"无工作，继续寻找工作"（本科为 1.3%，高职高专为 2.4%），还有 2.4% 的人无工

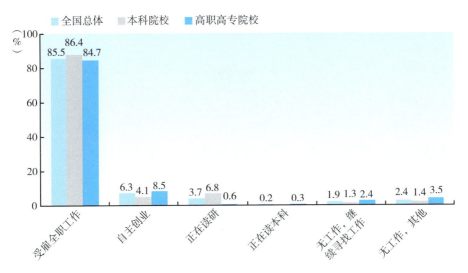

图 2 - 3 - 1 2014 届大学生毕业三年后的去向分布*

* 正在读研人群包含"正在读博士"和"正在读硕士"，下同。
数据来源：麦可思 - 中国 2014 届大学毕业生三年后职业发展跟踪评价。

作，且既没有求职也没有求学（本科为 1.4%，高职高专为 3.5%），有 0.3% 的高职高专毕业生正在读本科。

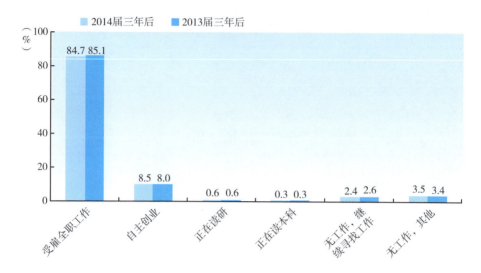

图 2 - 3 - 2 2014 届高职高专毕业生毕业三年后的去向分布（与 2013 届三年后对比）

数据来源：麦可思 - 中国 2013 届、2014 届大学毕业生三年后职业发展跟踪评价。

二 职业转换

职业转换：职业转换是指毕业生在毕业半年后从事某种职业，毕业三年后由原职业转换到不同的职业。转换职业通常在工作单位内部完成的并不代表离职；反过来讲，更换雇主可能也不代表转换职业。

职业转换率：职业转换率是指有多大比例的毕业生在毕业三年内转换了职业。其计算方法为：分母是毕业半年后有工作的毕业生数，分子是毕业三年后从事的职业与半年后从事的职业不同的毕业生数。

图 2 - 3 - 4 是 2014 届大学生毕业三年内的职业转换率。可以看出，有 40% 的 2014 届大学生毕业三年内转换了职业（本科为 31%，高职高专为 49%），与 2013 届三年内该指标（40%）持平。

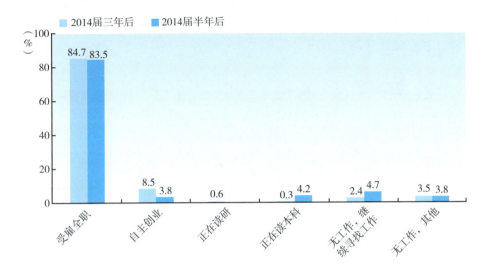

图2-3-3 2014届高职高专毕业生毕业三年后的去向分布（与2014届半年后对比）

数据来源：麦可思－中国2014届大学毕业生三年后职业发展跟踪评价，2014届大学生毕业半年后社会需求与培养质量跟踪评价。

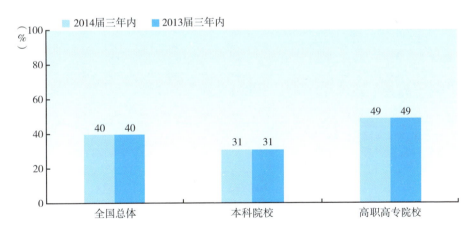

图2-3-4 2014届大学生毕业三年内的职业转换率（与2013届三年内对比）

数据来源：麦可思－中国2013届、2014届大学毕业生三年后职业发展跟踪评价，2013届、2014届大学毕业生半年后培养质量跟踪评价。

表2-3-1是2014届高职高专各专业大类三年内的职业转换率。可以看出，在2014届高职高专各专业大类中，旅游大类的毕业生三年内的职业

147

转换率最高（63%），其次是艺术设计传媒大类（59%）；医药卫生大类的职业转换率最低（28%）。

表 2 – 3 – 1　2014 届高职高专各专业大类毕业生毕业三年内的职业转换率

（与 2013 届三年内对比）*

单位：%

高职高专专业大类名称	2014 届三年内职业转换率	2013 届三年内职业转换率
旅游大类	63	62
艺术设计传媒大类	59	54
电子信息大类	57	55
制造大类	56	58
农林牧渔大类	56	56
土建大类	53	50
轻纺食品大类	53	49
财经大类	50	48
生化与药品大类	49	52
资源开发与测绘大类	47	42
文化教育大类	44	45
交通运输大类	41	39
材料与能源大类	35	34
医药卫生大类	28	29
全国高职高专	**49**	**49**

*个别专业大类因为样本较少，没有包括在内。

数据来源：麦可思 – 中国 2013 届、2014 届大学毕业生三年后职业发展跟踪评价，2013 届、2014 届大学毕业生半年后培养质量跟踪评价。

图 2 – 3 – 5 和图 2 – 3 – 6 分别是 2014 届高职高专毕业生三年内职业转换率最高/最低的前五位专业类。可以看出，2014 届高职高专毕业生三年内职业转换率最高的专业类是旅游管理类和市场营销类（均为 63%），最低的专业类是护理类（20%）。

图 2 – 3 – 7 是 2014 届高职高专毕业生三年内转换职业中被转入最多的前十位职业类。可以看出，在 2014 届高职高专毕业生三年内转换过的职业

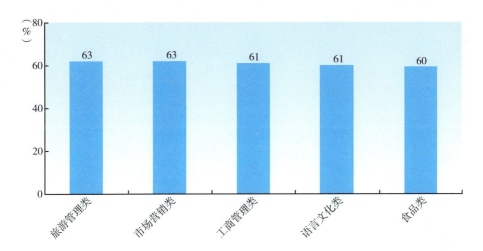

图 2 - 3 - 5 2014 届高职高专毕业生毕业三年内职业转换率最高的前五位专业类 *

﹡毕业生规模过小的专业类不包括在此排序中。

数据来源：麦可思－中国2014届大学毕业生三年后职业发展跟踪评价，2014届大学毕业生半年后培养质量跟踪评价。

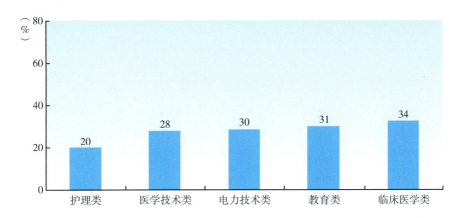

图 2 - 3 - 6 2014 届高职高专毕业生毕业三年内职业转换率最低的前五位专业类 *

﹡毕业生规模过小的专业类不包括在此排序中。

数据来源：麦可思－中国2014届大学毕业生三年后职业发展跟踪评价，2014届大学毕业生半年后培养质量跟踪评价。

类中，被转入最多的职业是"销售"（9.4%），其次是"建筑工程"（8.9%）。

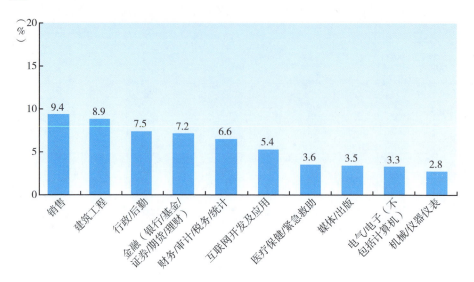

图 2 – 3 – 7   2014 届高职高专毕业生毕业三年内转换职业中
被转入最多的前十位职业类*

*毕业生规模过小的职业类不包括在此排序中。

数据来源：麦可思 – 中国 2014 届大学毕业生三年后职业发展跟踪评价，2014 届大学毕业生半年后培养质量跟踪评价。

三　行业转换

行业转换率： 行业转换是指毕业生在毕业半年后就业于某行业（小类），而毕业三年后进入不同的行业就业。行业转换率是指有多大比例的毕业生在毕业三年内转换了行业。其计算方法为：分母是毕业半年后有工作的毕业生数，分子是毕业三年后所在行业与半年后所在行业不同的毕业生数。

图 2 – 3 – 8 是 2014 届大学生毕业三年内的行业转换率。可以看出，有 43% 的 2014 届大学生在毕业三年内转换了行业（本科为 35%，高职高专为 51%），与 2013 届三年内该指标（44%）基本持平。

表 2 – 3 – 2 是 2014 届高职高专各专业大类三年内的行业转换率。可以看出，在 2014 届高职高专各专业大类中，旅游大类的毕业生三年内的行业转换率最高（62%），医药卫生大类的行业转换率最低（28%）。

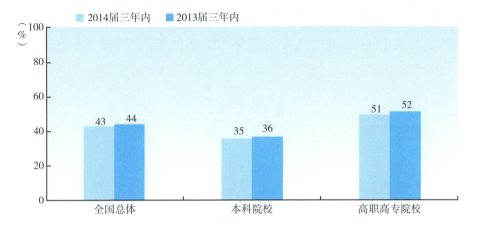

图 2 – 3 – 8　2014 届大学生毕业三年内的行业转换率（与 2013 届三年内对比）

数据来源：麦可思 – 中国 2013 届、2014 届大学毕业生三年后职业发展跟踪评价，2013 届、2014 届大学毕业生半年后培养质量跟踪评价。

表 2 – 3 – 2　2014 届高职高专各专业大类毕业生毕业三年内的

行业转换率（与 2013 届三年内对比）*

单位：%

高职高专专业大类名称	2014 届三年内行业转换率	2013 届三年内行业转换率
旅游大类	62	63
艺术设计传媒大类	61	59
电子信息大类	60	61
财经大类	60	59
制造大类	54	53
轻纺食品大类	54	53
农林牧渔大类	53	52
土建大类	50	49
生化与药品大类	47	49
文化教育大类	43	46
资源开发与测绘大类	41	40
交通运输大类	35	35
材料与能源大类	32	30
医药卫生大类	28	28
全国高职高专	**51**	**52**

*个别专业大类因为样本较少，没有包括在内。

数据来源：麦可思 – 中国 2013 届、2014 届大学毕业生三年后职业发展跟踪评价，2013 届、2014 届大学毕业生半年后培养质量跟踪评价。

图 2 - 3 - 9 和图 2 - 3 - 10 分别是 2014 届高职高专毕业生三年内行业转换率最高/最低的前五位行业类。可以看出，2014 届高职高专毕业生三年内

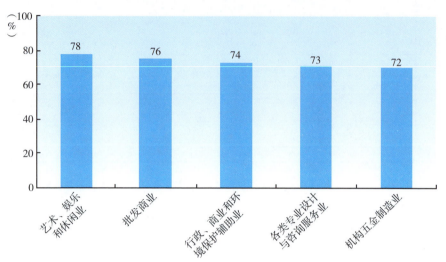

图 2 - 3 - 9 2014 届高职高专毕业生毕业三年内行业转换率最高的前五位行业类 *

 * 毕业生规模过小的行业类不包括在此排序中。

数据来源：麦可思 - 中国 2014 届大学毕业生三年后职业发展跟踪评价，2014 届大学毕业生半年后培养质量跟踪评价。

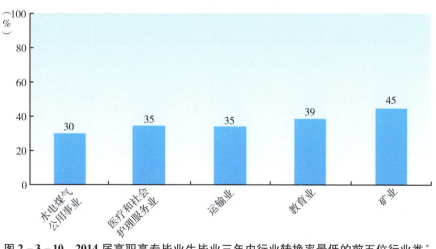

图 2 - 3 - 10 2014 届高职高专毕业生毕业三年内行业转换率最低的前五位行业类 *

 * 毕业生规模过小的行业类不包括在此排序中。

数据来源：麦可思 - 中国 2014 届大学毕业生三年后职业发展跟踪评价，2014 届大学毕业生半年后培养质量跟踪评价。

行业转换率最高的行业类是"艺术、娱乐和休闲业"（78%），最低的行业类是"水电煤气公用事业"（30%）。

图 2－3－11 是 2014 届高职高专毕业生三年内转换行业中被转入最多的前五位行业类。可以看出，2014 届高职高专毕业生三年内转换行业中被转入最多的行业类是"建筑业"（9.9%），其后是"金融（银行/保险/证券）业"（8.5%）、"零售商业"（8.2%）。

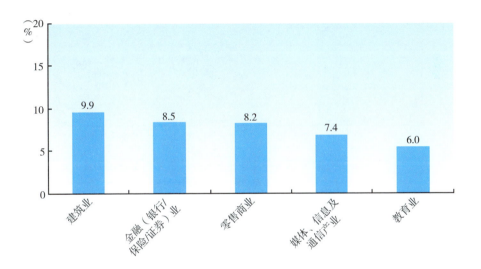

图 2－3－11　2014 届高职高专毕业生毕业三年内转换行业中被转入最多的前五位行业类＊

＊毕业生规模过小的行业类不包括在此排序中。

数据来源：麦可思－中国 2014 届大学毕业生三年后职业发展跟踪评价，2014 届大学毕业生半年后培养质量跟踪评价。

四　工作与专业相关度

图 2－3－12 和图 2－3－13 分别是 2014 届大学生毕业三年后的工作与专业相关度。可以看出，2014 届大学生毕业三年后的工作与专业相关度为 61%，比 2014 届半年后（66%）低 5 个百分点，与 2013 届三年后（61%）

持平。其中，本科三年后的工作与专业相关度为65%，比半年后（69%）低4个百分点；高职高专三年后的工作与专业相关度为56%，比半年后（62%）低6个百分点。

图 2-3-12 2014 届大学生毕业三年后的工作与专业相关度
（与 2014 届半年后对比）

数据来源：麦可思-中国2014届大学毕业生三年后职业发展跟踪评价，2014届大学毕业生半年后培养质量跟踪评价。

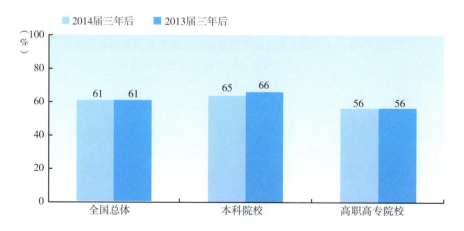

图 2-3-13 2014 届大学生毕业三年后的工作与专业相关度
（与 2013 届三年后对比）

数据来源：麦可思-中国2013届、2014届大学毕业生三年后职业发展跟踪评价。

表 2 - 3 - 3 是 2014 届高职高专各专业大类毕业生三年内的工作与专业相关度变化。可以看出，在高职高专各专业大类中，三年后工作与专业相关度最高的是医药卫生大类（88%），最低的是旅游大类（35%）；其中旅游大类的工作与专业相关度三年内下降最多，下降了 18 个百分点，其次是材料与能源大类，下降了 12 个百分点。

表 2 - 3 - 3　2014 届高职高专各专业大类毕业生毕业三年内的工作与
专业相关度变化（与 2013 届三年后对比）*

单位：%

高职高专专业 大类名称	2014 届毕业三年后的 专业相关度	2014 届毕业半年后的 专业相关度	2013 届毕业三年后的 专业相关度
医药卫生大类	88	89	88
土建大类	69	77	73
材料与能源大类	67	79	68
资源开发与测绘大类	62	64	62
交通运输大类	61	65	61
文化教育大类	59	58	55
生化与药品大类	58	61	59
艺术设计传媒大类	53	60	55
财经大类	52	58	54
农林牧渔大类	49	59	52
制造大类	47	56	49
电子信息大类	46	49	44
轻纺食品大类	42	53	44
旅游大类	35	53	34
全国高职高专	**56**	**62**	**56**

　　＊个别专业大类因为样本较少，没有包括在内。
　　数据来源：麦可思 - 中国 2013 届、2014 届大学毕业生三年后职业发展跟踪评价，2014 届大学毕业生半年后培养质量跟踪评价。

五 雇主数

（一）平均雇主数

雇主数：指毕业生从第一份工作到三年后的跟踪评价时点，一共为多少个雇主工作过。雇主数越多，则工作转换得越频繁；雇主数可以代表毕业生工作稳定的程度。

图2-3-14是2014届大学生毕业三年内的平均雇主数。可以看出，2014届大学毕业生毕业三年内平均为2.2个雇主工作过，与2013届（2.2个）持平。其中本科毕业生的平均雇主数为2.0个，低于高职高专毕业生的平均雇主数（2.4个）。

图2-3-14　2014届大学生毕业三年内的平均雇主数
（与2013届三年内对比）

数据来源：麦可思-中国2013届、2014届大学毕业生三年后职业发展跟踪评价。

表2-3-4是2014届高职高专主要专业类毕业三年内的平均雇主数。可以看出，2014届高职高专艺术设计类毕业生三年内的平均雇主数最多（2.8个），护理类毕业生三年内的平均雇主数最少（1.8个）。

表2-3-4 2014届高职高专主要专业类毕业生毕业三年内的平均雇主数*

单位:个

高职高专专业类名称	毕业三年内平均雇主数	高职高专专业类名称	毕业三年内平均雇主数
艺术设计类	2.8	港口运输类	2.4
建筑设计类	2.7	环保类	2.4
计算机类	2.7	财务会计类	2.4
市场营销类	2.6	机电设备类	2.4
林业技术类	2.6	公路运输类	2.4
广播影视类	2.6	制药技术类	2.3
房地产类	2.6	畜牧兽医类	2.3
通信类	2.6	自动化类	2.3
财政金融类	2.5	材料类	2.3
旅游管理类	2.5	测绘类	2.3
汽车类	2.5	公共管理类	2.2
土建施工类	2.5	建筑设备类	2.2
食品类	2.5	药学类	2.2
语言文化类	2.5	化工技术类	2.1
纺织服装类	2.5	教育类	2.1
工商管理类	2.5	医学技术类	2.1
机械设计制造类	2.5	临床医学类	2.0
电子信息类	2.5	电力技术类	1.9
工程管理类	2.5	护理类	1.8
经济贸易类	2.4	**全国高职高专**	**2.4**

*个别专业类因为样本较少,没有包括在内。

数据来源:麦可思-中国2014届大学毕业生三年后职业发展跟踪评价。

(二)雇主数频度

图2-3-15是2014届高职高专毕业生三年内工作过的雇主数频度。可以看出,高职高专毕业生更换雇主较频繁,仅有24%的高职高专毕业生三年内一直为1个雇主工作,而雇主数为4个及以上的高职高专毕业生达到了15%。

图 2 – 3 – 15　2014 届高职高专毕业生毕业三年内工作过的雇主数频度
（与 2013 届三年内对比）

数据来源：麦可思 – 中国 2013 届、2014 届大学毕业生三年后职业发展跟踪评价。

B.10
第四章 就业满意度

一 总体就业满意度

图 2－4－1 是 2014 届大学生毕业三年后的就业满意度。可以看出，2014 届大学生毕业三年后的就业满意度为 66%，即在就业的毕业生中，有 66% 对自己的就业现状表示满意（本科为 68%，高职高专为 64%），比 2013 届该指标（63%）增长了 3 个百分点。

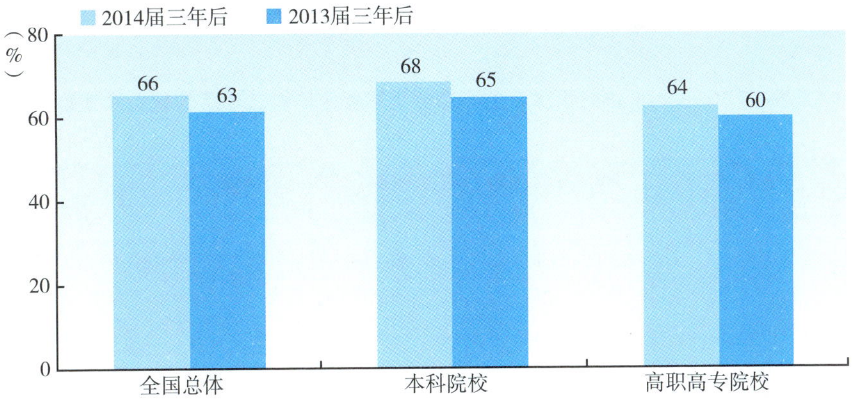

图 2－4－1 2014 届大学生毕业三年后的就业满意度（与 2013 届三年后对比）

数据来源：麦可思－中国 2013 届、2014 届大学毕业生三年后职业发展跟踪评价。

二 主要专业的就业满意度

表 2－4－1 是 2014 届高职高专各专业大类毕业生三年后的就业满意度。

可以看出，2014 届高职高专毕业生三年后就业满意度最高的专业大类是文化教育大类（71%），就业满意度最低的专业大类是资源开发与测绘大类（55%）。

表 2-4-1　2014 届高职高专各专业大类毕业生毕业三年后的就业满意度*

单位：%

高职高专专业大学名称	就业满意度	高职高专专业大学名称	就业满意度
文化教育大类	71	艺术设计传媒大类	63
旅游大类	70	交通运输大类	63
财经大类	67	制造大类	61
轻纺食品大类	66	材料与能源大类	61
医药卫生大类	66	土建大类	57
生化与药品大类	65	资源开发与测绘大类	55
农林牧渔大类	64	**全国高职高专**	**64**
电子信息大类	63		

*个别专业大类因为样本较少，没有包括在内。
数据来源：麦可思 - 中国 2014 届大学毕业生三年后职业发展跟踪评价。

表 2-4-2　2014 届高职高专主要专业类毕业生毕业三年后的就业满意度*

单位：%

高职高专专业类名称	就业满意度	高职高专专业类名称	就业满意度
教育类	73	计算机类	64
旅游管理类	71	财务会计类	64
护理类	70	电子信息类	64
畜牧兽医类	68	汽车类	63
医学技术类	68	工商管理类	63
房地产类	67	药学类	62
食品类	67	环保类	62
语言文化类	66	公共管理类	62
市场营销类	66	化工技术类	61
财政金融类	65	通信类	60
制药技术类	65	港口运输类	60
经济贸易类	65	机械设计制造类	60
艺术设计类	65	公路运输类	59
纺织服装类	64	自动化类	59

续表

高职高专专业类名称	就业满意度	高职高专专业类名称	就业满意度
建筑设计类	58	林业技术类	56
广播影视类	57	材料类	53
电力技术类	57	土建施工类	51
临床医学类	57	机电设备类	49
工程管理类	57	测绘类	48
建筑设备类	56	**全国高职高专**	**64**

＊个别专业类因为样本较少，没有包括在内。

数据来源：麦可思－中国2014届大学毕业生三年后职业发展跟踪评价。

三　主要职业的就业满意度

图2－4－2和图2－4－3分别是2014届高职高专毕业生三年后就业满意度最高/最低的前五位职业类。可以看出，2014届高职高专毕业生三年后就业满意度最高的职业类是"中小学教育"和"经营管理"（均为74%），就业满意度最低的职业类是"矿山/石油"（49%）。

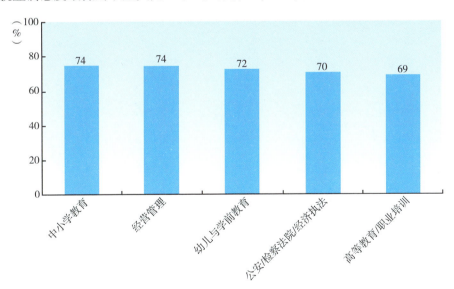

图2－4－2　2014届高职高专毕业生毕业三年后就业满意度最高的前五位职业类＊

＊毕业生规模过小的职业类不包括在此排序中。

数据来源：麦可思－中国2014届大学毕业生三年后职业发展跟踪评价。

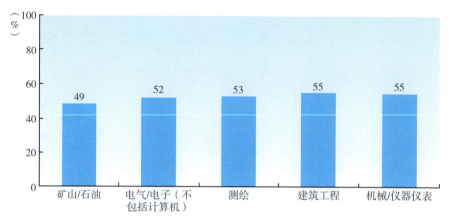

图 2 – 4 – 3 2014 届高职高专毕业生毕业三年后就业满意度最低的前五位职业类 *

* 毕业生规模过小的职业类不包括在此排序中。

数据来源：麦可思 – 中国 2014 届大学毕业生三年后职业发展跟踪评价。

四 主要行业的就业满意度

图 2 – 4 – 4 和图 2 – 4 – 5 分别是 2014 届高职高专毕业生三年后就业满

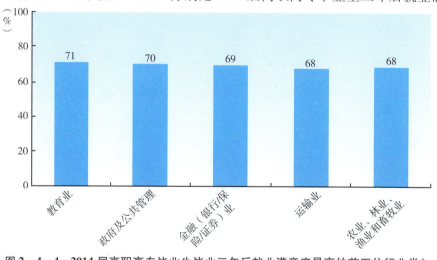

图 2 – 4 – 4 2014 届高职高专毕业生毕业三年后就业满意度最高的前五位行业类 *

* 毕业生规模过小的行业类不包括在此排序中。

数据来源：麦可思 – 中国 2014 届大学毕业生三年后职业发展跟踪评价。

意度最高/最低的前五位行业类。可以看出，2014 届高职高专毕业生三年后就业满意度最高的行业类是"教育业"（71%），就业满意度最低的行业类是"矿业"（47%）。

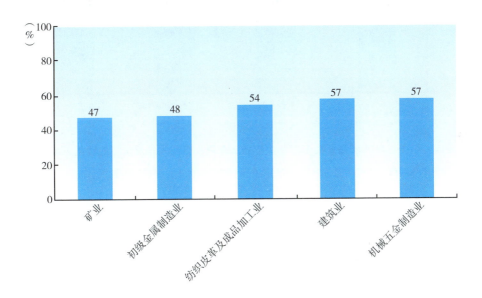

图 2 – 4 – 5　2014 届高职高专毕业生毕业三年后就业满意度最低的前五位行业类

＊毕业生规模过小的行业类不包括在此排序中。
数据来源：麦可思 – 中国 2014 届大学毕业生三年后职业发展跟踪评价。

五　各用人单位类型的就业满意度

图 2 – 4 – 6 是 2014 届高职高专毕业生三年后在各用人单位类型的就业满意度。可以看出，2014 届高职高专毕业生三年后就业满意度最高的用人单位类型是"政府机构/科研或其他事业单位"（71%），就业满意度最低的用人单位类型是"民营企业/个体"（61%）。

163

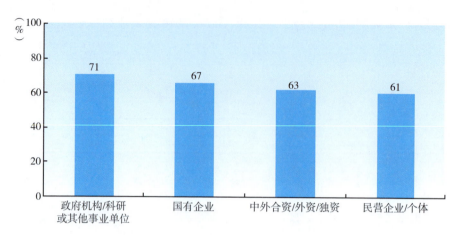

图 2 − 4 − 6 2014 届高职高专毕业生毕业三年后在各用人单位类型的就业满意度 *

*非政府或非营利组织（NGO）等用人单位因为样本较少，没有包括在内。
数据来源：麦可思 − 中国 2014 届大学毕业生三年后职业发展跟踪评价。

分报告三
培养质量报告

第一章
总体满意度

一 对母校总体满意度

对母校的总体满意度： 由毕业生回答对母校的总体满意度，选项有"很满意"、"满意"、"不满意"、"很不满意"、"无法评估"共五项。其中，"满意"、"很满意"属于满意的范围，"不满意"、"很不满意"属于不满意的范围。对母校的满意度是回答满意范围的人数百分比，计算公式的分子是回答满意范围的人数，分母是回答不满意范围和满意范围的总人数。

图3-1-1是2015~2017届大学毕业生对母校的总体满意度变化趋势。可以看出，2017届大学毕业生对母校的总体满意度为92%，比2016届（90%）高2个百分点，比2015届（89%）高3个百分点。其中，本科院

校总体满意度为 93%，比 2016 届、2015 届（均为 91%）高 2 个百分点；高职高专院校总体满意度为 90%，与 2016 届（89%）基本持平，比 2015 届（88%）高 2 个百分点。从近三届的趋势可以看出，大学毕业生对母校的总体满意度呈现上升趋势。

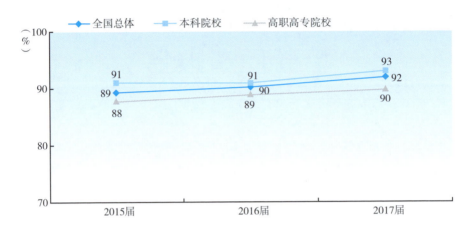

图 3 - 1 - 1　2015 ～ 2017 届大学毕业生对母校的总体满意度变化趋势

数据来源：麦可思 – 中国 2015 ～ 2017 届大学毕业生培养质量跟踪评价。

图 3 - 1 - 2 是各经济区域的 2016 届、2017 届高职高专毕业生对母校的总体满意度。可以看出，泛长江三角洲区域经济体的 2017 届高职高专毕业生对母校的总体满意度最高（92%）。

学生工作满意度： 由毕业生回答对母校的学生工作满意度，选项有"很满意"、"满意"、"不满意"、"很不满意"、"无法评估"共五项。其中，"满意"、"很满意"属于满意的范围，"不满意"、"很不满意"属于不满意的范围。学生工作满意度是回答满意范围的人数百分比，计算公式的分子是回答满意范围的人数，分母是回答不满意范围和满意范围的总人数。

图 3 - 1 - 3 是 2016 届、2017 届大学毕业生对母校学生工作的满意度。可以看出，2017 届大学毕业生对母校学生工作的满意度为 86%，比 2016 届（84%）高 2 个百分点。其中，本科、高职高专院校 2017 届毕业生对母校学生工作的满意度均为 86%，比 2016 届（均为 84%）均高 2 个百分点。

图 3-1-2　2016 届、2017 届各经济区域高职高专毕业生对母校的总体满意度

数据来源：麦可思 – 中国 2016 届、2017 届大学毕业生培养质量跟踪评价。

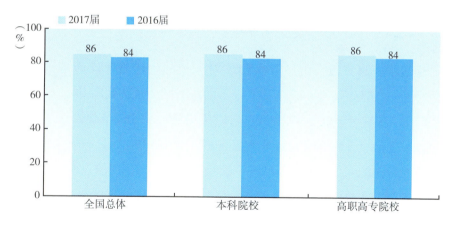

图 3-1-3　2016 届、2017 届大学毕业生对母校学生工作的满意度

数据来源：麦可思 – 中国 2016 届、2017 届大学毕业生培养质量跟踪评价。

图 3-1-4 是 2016 届、2017 届高职高专毕业生认为母校的学生工作需要改进的地方。可以看出，2017 届高职高专毕业生认为母校的学生工作需

要改进的地方是"与辅导员或班主任接触时间太少"（46%），其后是"学生社团活动组织不够好"（38%）、"解决学生问题不及时"（31%）。

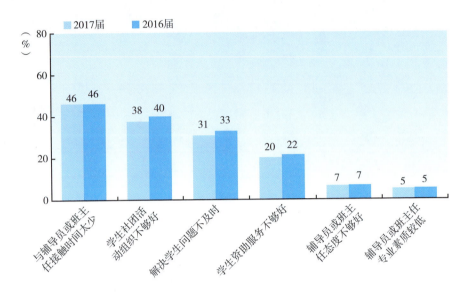

图 3-1-4 2016 届、2017 届高职高专毕业生认为母校的
学生工作需要改进的地方（多选）

数据来源：麦可思-中国 2016 届、2017 届大学毕业生培养质量跟踪评价。

生活服务满意度： 由毕业生回答对母校的生活服务满意度，选项有"很满意"、"满意"、"不满意"、"很不满意"、"无法评估"共五项。其中，"满意"、"很满意"属于满意的范围，"不满意"、"很不满意"属于不满意的范围。生活服务满意度是回答满意范围的人数百分比，计算公式的分子是回答满意范围的人数，分母是回答不满意范围和满意范围的总人数。

图 3-1-5 是 2016 届、2017 届大学毕业生对母校生活服务的满意度。可以看出，2017 届大学毕业生对母校生活服务的满意度为 87%，比 2016 届（85%）高 2 个百分点。其中，本科院校 2017 届毕业生对母校生活服务的满意度为 88%，比 2016 届（86%）高 2 个百分点；高职高专院校 2017 届毕业生对母校的生活服务满意度为 86%，比 2016 届（84%）高 2 个百分点。

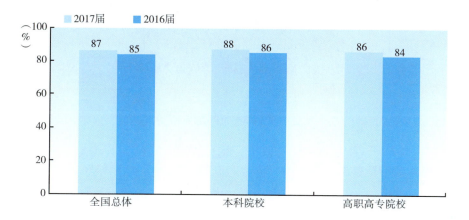

图 3 - 1 - 5　2016 届、2017 届大学毕业生对母校生活服务的满意度

数据来源：麦可思 - 中国 2016 届、2017 届大学毕业生培养质量跟踪评价。

　　图 3 - 1 - 6 是 2016 届、2017 届高职高专毕业生认为母校的生活服务需要改进的地方。可以看出，2017 届高职高专毕业生认为母校的生活服务需

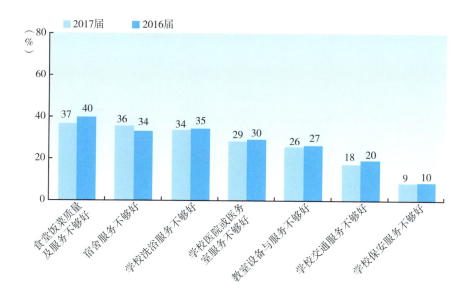

图 3 - 1 - 6　2016 届、2017 届高职高专毕业生认为母校的
生活服务需要改进的地方（多选）

数据来源：麦可思 - 中国 2016 届、2017 届大学毕业生培养质量跟踪评价。

要改进的地方是"食堂饭菜质量及服务不够好"（37%），其后是"宿舍服务不够好"（36%）、"学校洗浴服务不够好"（34%）、"学校医院或医务室服务不够好"（29%）、"教室设备与服务不够好"（26%）。

二 对母校的推荐度

对母校的推荐度：在同等分数、同类型学校条件下，毕业生是否愿意推荐母校给亲朋好友去就读的比例。推荐度计算公式的分子是回答"愿意推荐"的人数，分母是回答"愿意推荐"、"不愿意推荐"、"不确定"的总人数。

图3-1-7是2015~2017届大学毕业生对母校的推荐度变化趋势。可以看出，2017届大学毕业生对母校的推荐度为66%，与2016届、2015届（分别为66%、65%）基本持平。其中，本科院校毕业生对母校的推荐度为69%，与2016届（68%）基本持平，比2015届（67%）高2个百分点；高职高专院校为64%，与2016届、2015届（分别为64%、63%）基本持平。从近三届的趋势可以看出，大学毕业生对母校的推荐度保持基本稳定。

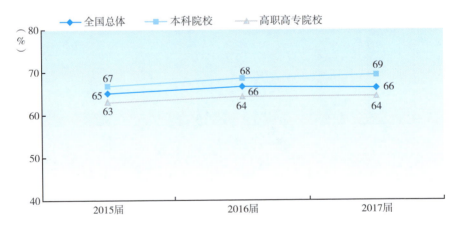

图3-1-7 2015~2017届大学毕业生对母校的推荐度变化趋势

数据来源：麦可思-中国2015~2017届大学毕业生培养质量跟踪评价。

一 教学满意度

教学满意度：由毕业生回答对母校的教学满意度，选项有"很满意"、"满意"、"不满意"、"很不满意"、"无法评估"共五项。其中，"满意"、"很满意"属于满意的范围，"不满意"、"很不满意"属于不满意的范围。教学满意度是回答满意范围的人数百分比，计算公式的分子是回答满意范围的人数，分母是回答不满意范围和满意范围的总人数。

图3-2-1是2016届、2017届大学毕业生对母校教学的满意度。可以看出，2017届大学毕业生对母校教学的满意度为89%，与2016届（88%）基本持平。其中，本科院校2017届毕业生对母校教学的满意度为88%，与

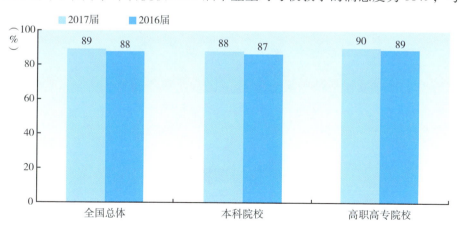

图3-2-1 2016届、2017届大学毕业生对母校教学的满意度

数据来源：麦可思-中国2016届、2017届大学毕业生培养质量跟踪评价。

2016 届（87%）基本持平；高职高专院校 2017 届毕业生对母校的教学满意度为 90%，与 2016 届（89%）基本持平。

二 教学需改进的方面

图 3-2-2 是 2016 届、2017 届高职高专毕业生认为母校的教学需要改进的地方。可以看出，2017 届高职高专毕业生认为母校的教学最需要改进的地方为"实习和实践环节不够"（60%），其次为"无法调动学生学习兴趣"（47%）。

图 3-2-2　2016 届、2017 届高职高专毕业生认为母校的教学需要改进的地方（多选）

数据来源：麦可思－中国 2016 届、2017 届大学毕业生培养质量跟踪评价。

三 核心课程评价

课程的重要度：由就业和正在读本科的毕业生判定课程在自己的工作或学习中是否重要。毕业生认为课程对工作或学习的重要度评价分为"无法评估"、"不重要"、"有些重要"、"重要"、"非常重要"、"极其重要"，其中"有些重要"、"重要"、"非常重要"、"极其重要"属于重要的范围。

课程的满足度：回答了课程"有些重要"到"极其重要"的毕业生会被要求回答课程训练是否满足工作或学习要求，满足度指标是回答某课程能满足工作或学习的百分比。计算公式的分子是回答"满足"的人数，分母是回答"满足"和"不满足"的总人数。

图3-2-3和图3-2-4分别是2017届大学毕业生的核心课程重要度及满足度评价。可以看出，2017届毕业生的核心课程重要度评价为82%，其中，本科为81%，高职高专为82%。

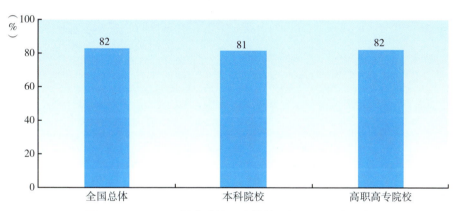

图3-2-3　2017届大学毕业生的核心课程重要度评价

数据来源：麦可思-中国2017届大学毕业生培养质量跟踪评价。

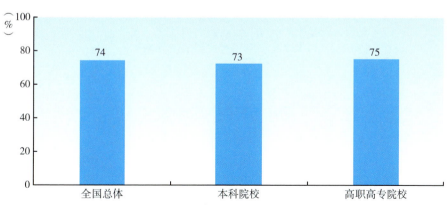

图3-2-4　2017届大学毕业生的核心课程满足度评价

数据来源：麦可思-中国2017届大学毕业生培养质量跟踪评价。

2017 届毕业生的核心课程满足度评价为 74%，其中，本科为 73%，高职高专为 75%。

图 3 - 2 - 5 是 2017 届高职高专各专业大类毕业生的核心课程重要度和满足度评价。可以看出，在 2017 届高职高专各专业大类中，医药卫生大类核心课程的重要度评价（95%）最高，其满足度（81%）也最高。

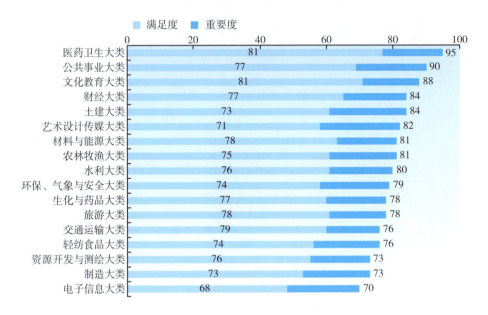

图 3 - 2 - 5 2017 届高职高专各专业大类的核心课程重要度和满足度评价 *

* 个别专业大类因为样本较少，没有包括在内。
数据来源：麦可思 - 中国 2017 届大学毕业生培养质量跟踪评价。

四 师生交流频度

图 3 - 2 - 6 是 2017 届大学毕业生与任课教师课下交流程度。可以看出，2017 届有 53% 的毕业生与任课教师"每周至少一次"或"每月至少一次"课下交流。其中，本科毕业生中有 23% 与任课教师"每周至少一次"课下交流，低于高职高专毕业生（35%）。

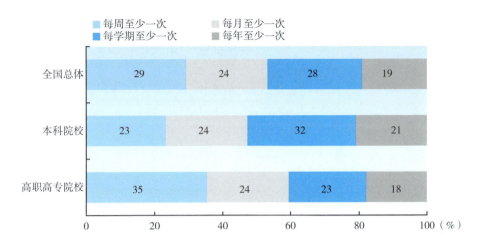

图 3－2－6　2017 届大学毕业生与任课教师课下交流程度

数据来源：麦可思－中国 2017 届大学毕业生培养质量跟踪评价。

图 3－2－7 是 2017 届高职高专各专业大类毕业生与任课教师课下交流程度。可以看出，在 2017 届高职高专各专业大类中，与任课教师"每周至

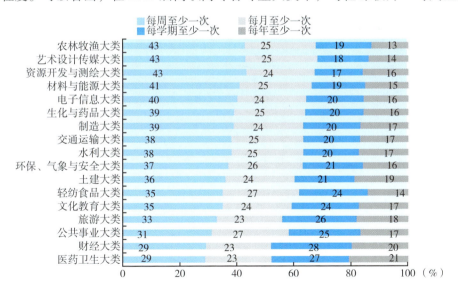

图 3－2－7　2017 届高职高专各专业大类毕业生与任课教师课下交流程度*

* 个别专业大类因为样本较少，没有包括在内。

数据来源：麦可思－中国 2017 届大学毕业生培养质量跟踪评价。

少一次"或"每月至少一次"课下交流程度较高的是农林牧渔大类、艺术设计传媒大类（均为68%），较低的是医药卫生大类、财经大类（均为52%）。

B.13
第三章
教与学的行为分析

一　到课率

到课率 = 班级实到人数/班级应到人数。

图 3 – 3 – 1 是大学在校生到课率。可以看出，大学在校生到课率为91%。其中，本科院校、高职高专院校到课率持平（均为91%）。

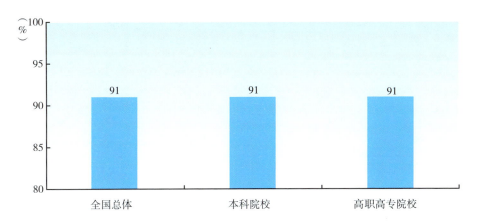

图 3 – 3 – 1　大学在校生到课率

数据来源：麦可思智能助教系统（Mita）。

图 3 – 3 – 2 是大学在校生周一至周五的到课率。可以看出，本科院校在校生周一的到课率最高（92%），其余四天均在90%左右；高职高专院校在校生周一至周五的到课率保持在90%或91%。

图 3 – 3 – 3 是大学在校生每日各时间段的到课率。可以看出，大学在校

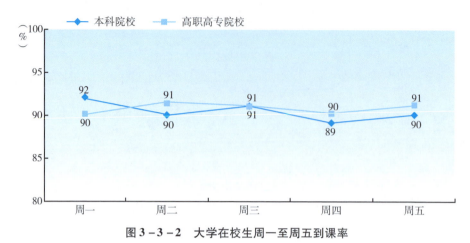

图 3 - 3 - 2　大学在校生周一至周五到课率

数据来源：麦可思智能助教系统（Mita）。

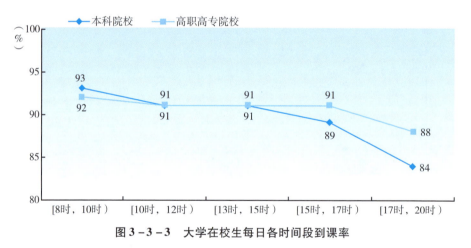

图 3 - 3 - 3　大学在校生每日各时间段到课率

数据来源：麦可思智能助教系统（Mita）。

生早课到课率较高（本科93%，高职高专92%），晚课到课率较低（本科84%，高职高专88%）。

二　课堂互动

教师提问频率 = 教师使用 Mita 提问次数/使用 Mita 上课次数。本研究将教师课堂提问的频率分为以下四种级别：

每次课都提问：即"用 Mita 提问次数"／"用 Mita 上课次数"的结果大于等于 1。

经常提问：即"用 Mita 提问次数"／"用 Mita 上课次数"的结果大于等于 0.5。

偶尔提问：即"用 Mita 提问次数"／"用 Mita 上课次数"的结果大于0，且小于 0.5。

从不提问：即"用 Mita 提问次数"／"用 Mita 上课次数"的结果等于0。

图 3 - 3 - 4 是高校教师课堂上通过 Mita 提问的频率分布。可以看出，有 32% 的高校教师每次上课都提问，有 11% 的高校教师经常提问，有 11% 的高校教师偶尔提问，还有 46% 的高校教师从不提问；本科院校教师提问的频率低于高职高专院校教师。

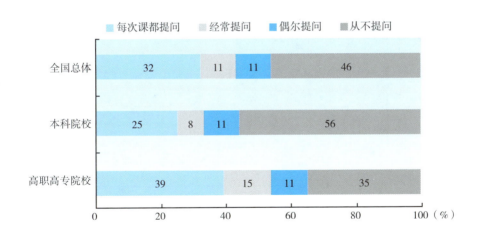

图 3 - 3 - 4　教师课堂提问频率分布

数据来源：麦可思智能助教系统（Mita）。

课堂测验频率 = 教师使用 Mita 发起课堂测验次数/使用 Mita 上课次数。本研究将课堂测验的频率分为以下四种级别：

每次课都测验：即"用 Mita 测验次数"／"用 Mita 上课次数"的结果大于等于1。

经常测验：即"用 Mita 测验次数"／"用 Mita 上课次数"的结果大于等于 0.5。

偶尔测验：即"用 Mita 测验次数"／"用 Mita 上课次数"的结果大于 0，且小于0.5。

从不测验：即"用 Mita 测验次数"／"用 Mita 上课次数"的结果等于0。

图 3-3-5 是高校教师课堂上通过 Mita 发起测验的频率分布。可以看出，有7%的高校教师每次上课都测验，有9%的高校教师经常测验，有15%的高校教师偶尔测验，还有69%的高校教师从不测验；本科院校教师课堂发起测验的频率与高职高专院校教师基本持平。

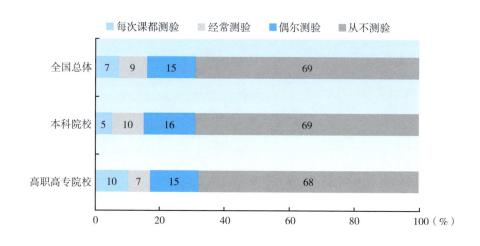

图 3-3-5 教师课堂测验频率分布

数据来源：麦可思智能助教系统（Mita）。

图 3-3-6 是大学在校生通过 Mita 参与课堂测验的比例及回答正确率。可以看出，课堂测验的参与率为 84%，答案的正确率为 67%；本科院校在校生的参与率和正确率均高于高职高专院校在校生。

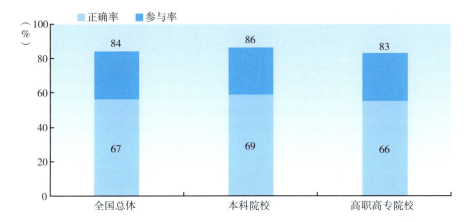

图 3 – 3 – 6　大学在校生参与课堂测验的比例及回答正确率

数据来源：麦可思智能助教系统（Mita）。

三　学习行为预警

教师可以用 Mita 设置预警，当学生旷课、不做测验、不交作业累积一定次数时，系统就会自动提醒学生。图 3 – 3 – 7 是大学在校生收到学习预警

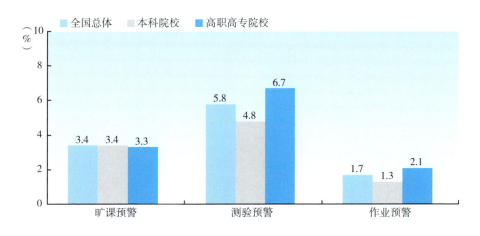

图 3 – 3 – 7　大学在校生收到学习预警的比例

数据来源：麦可思智能助教系统（Mita）。

181

的比例。可以看出，有 3.4% 的大学在校生因为旷课收到预警（本科 3.4%，高职高专 3.3%），有 5.8% 的大学在校生因为不参与课堂测验收到预警（本科 4.8%，高职高专 6.7%），有 1.7% 的大学在校生因为不交作业收到预警（本科 1.3%，高职高专 2.1%）。

B.14
第四章
能力、知识及素养提升

一 基本工作能力评价

（一）背景介绍

工作能力：从事某项职业工作必须具备的能力，分为职业工作能力和基本工作能力。职业工作能力是从事某一职业特殊需要的能力，基本工作能力是所有工作都必须具备的能力，麦可思参考美国 SCANS 标准，把基本工作能力分为 35 项。根据麦可思的工作能力分类，中国大学生可以从事的职业共 695 个，对应的职业能力近万条。

五大类基本工作能力：麦可思参考美国 SCANS 标准，35 项基本工作能力可划归为五大类型，分别是理解与交流能力、科学思维能力、管理能力、应用分析能力和动手能力（见图 3 - 4 - 1）。

基本工作能力的重要度：用于定义正在工作的大学毕业生所理解的 35 项基本工作能力在其岗位工作中的重要程度，分为"无法评估"、"不重要"、"有些重要"、"重要"、"非常重要"和"极其重要"六个层次，数据处理时把重要性处理为百分比，0 代表"不重要"，25% 代表"有些重要"，50% 代表"重要"，75% 代表"非常重要"，100% 代表"极其重要"。

工作岗位要求的工作能力水平：用于定义正在工作的大学毕业生所理解的工作对 35 项基本工作能力的要求级别，从低到高分为一级到七级。一级代表该能力的最低水平，取值 1/7；七级代表该能力的最高水平，取值 1。

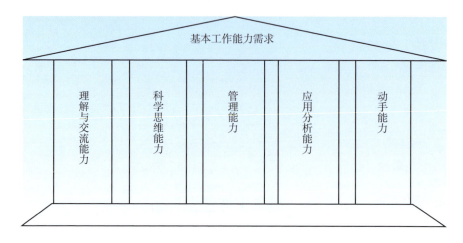

图 3 – 4 – 1　五大类基本工作能力

表 3 – 4 – 1　基本工作能力定义及序号

序号	五大类能力	名称	描述
1	理解与交流能力	理解性阅读	理解工作文件的句子和段落
2	理解与交流能力	积极聆听	理解对方讲话的要点,适当地提出问题
3	理解与交流能力	有效的口头沟通	交谈中有效果地传递信息
4	理解与交流能力	积极学习	理解信息中的启示,用于解决问题,帮助作出决定
5	理解与交流能力	学习方法	在训练和指导工作时选择方法与程序
6	理解与交流能力	理解他人	关注并理解他人的反应
7	理解与交流能力	服务他人	积极地寻找方法来帮助他人
8	科学性思维能力	针对性写作	根据读者需求有效果地传递信息
9	科学性思维能力	数学解法	用数学方法来解决问题
10	科学性思维能力	科学分析	用科学的原理和方法来解决问题
11	科学性思维能力	批判性思维	运用逻辑推理来判定解决问题的建议、结论和方法的优缺点
12	管理能力	绩效监督	监督和评估自己、他人或组织的绩效以采取改进行动
13	管理能力	协调安排	根据他人的需要调整工作安排
14	管理能力	说服他人	说服他人改变想法或者行为
15	管理能力	谈判技能	与他人沟通并且达成一致
16	管理能力	指导他人	指导他人怎样去做一件事

续表

序号	五大类能力	名称	描述
17	管理能力	解决复杂的问题	识别复杂问题并查阅信息以发现和评估解决方案
18	管理能力	判断和决策	考虑各方案的成本和收益,决定最合适的方案
19	管理能力	时间管理	管理自己和他人的时间
20	管理能力	财务管理	决定怎样花钱以完成工作,并为这些开支记账核算
21	管理能力	物资管理	如何按照工作的特定需要获得设备、厂房和材料,以及监督其合理使用
22	管理能力	人力资源管理	在工作中激发、指导人们的工作,寻找适合各项工作的人
23	应用分析能力	新产品构思	分析需求和生产的可能性以开发出新产品
24	应用分析能力	技术设计	按要求设计和修改设备与技术
25	应用分析能力	设备选择	决定使用哪一种工具和设备来做一项工作
26	应用分析能力	质量控制分析	对产品、服务或工作程序进行测试和检查以评价其质量和绩效
27	应用分析能力	操作监控	监视仪表、控制器和其他指示器以保证机器正常运行
28	应用分析能力	操作和控制	控制设备和系统的运行
29	应用分析能力	设备维护	对设备进行日常维护并决定什么时候进行何种维护
30	应用分析能力	疑难排解	判断出操作错误的产生原因并决定纠错对策
31	应用分析能力	系统分析	判定变化对一个系统运行结果的影响
32	应用分析能力	系统评估	识别系统绩效的评估方法或指标,根据系统目标制订行动来改进系统表现
33	动手能力	安装能力	按照特定要求来安装设备、机器、管线或程序
34	动手能力	电脑编程	为各种目的编写电脑程序
35	动手能力	维修机器和系统	使用必要的工具来修理机器和系统

为了帮助答题人自评级别,问卷在一到七级中分别举了三个例子,以帮助答题人理解能力差别。

毕业时掌握的基本工作能力水平:用于定义正在工作的大学毕业生所理解的对 35 项基本工作能力在刚毕业时实际掌握的级别,从低到高分为一级到七级。一级代表该能力的最低水平,取值 1/7;七级代表该能力的最高水平，取值1。为了帮助答题人自评级别，问卷在一级到七级中分别举了三个例子，以帮助答题人理解能力差别。

基本工作能力的满足度：毕业时掌握的基本工作能力水平满足社会初始岗位的工作要求水平的百分比，100%为完全满足。满足度计算公式的分子是毕业时掌握的基本工作能力水平，分母是工作要求的水平。

（二）基本工作能力重要度和满足度

图3－4－2、图3－4－3和图3－4－4分别是2015～2017届大学毕业生毕业时掌握的基本工作能力水平和工作岗位要求达到的水平，以及在此基础上计算出的基本工作能力满足度。可以看出，无论是本科毕业生还是高职高专毕业生，其毕业时对基本工作能力掌握的水平均低于工作岗位要求的水平。

图3－4－2　2015～2017届大学毕业生毕业时掌握的基本工作能力水平

数据来源：麦可思－中国2015～2017届大学毕业生培养质量跟踪评价。

图3－4－5是2017届高职高专毕业生各项基本工作能力的重要度和满足度。可以看出，2017届高职高专毕业生在理解交流能力中最重要的是有效的口头沟通、理解他人、积极学习能力（重要度均为66%），其满足度分别为88%、91%、88%；科学思维能力中最重要的是科学分析

图 3 – 4 – 3　2015 ~ 2017 届大学毕业生工作岗位要求达到的基本工作能力水平

数据来源：麦可思 – 中国 2015 ~ 2017 届大学毕业生培养质量跟踪评价。

图 3 – 4 – 4　2015 ~ 2017 届大学毕业生的基本工作能力的满足度

数据来源：麦可思 – 中国 2015 ~ 2017 届大学毕业生培养质量跟踪评价。

能力（重要度为 63%），其满足度为 85%；管理能力中最重要的是说服他人、谈判技能（重要度均为 68%），其满足度分别为 79%、86%；应用分析能力中最重要的是疑难排解能力（重要度为 66%），其满足度为 83%；动手能力中最重要的是电脑编程能力（重要度为 74%），其满足度为 63%。

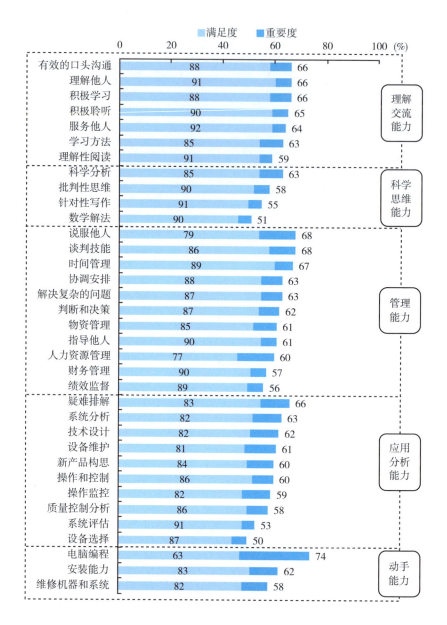

图 3 - 4 - 5　2017 届高职高专毕业生的各项基本
工作能力的重要度和满足度

数据来源：麦可思 - 中国 2017 届大学毕业生培养质量跟踪评价。

二　核心知识评价

（一）背景介绍

核心知识：从事某项职业工作必须具备的知识。麦可思参考美国 SCANS 标准，将核心知识分为 28 项。根据麦可思的核心知识分类，中国大学生可以从事的职业共 695 个，对应的职业知识近万条。大学毕业生在校期间所掌握的 28 项知识见表 3 - 4 - 2。

表 3 - 4 - 2　核心知识定义及序号

序号	名称	描述
1	行政与管理	关于战略规划、资源分配、人力资源、领导技巧、生产方法、人员与资源协调的商业管理原理
2	生物学	关于动植物有机体的组织、细胞、功能的知识，包括生物体的相互作用及其与环境的依赖和相互作用
3	化学	关于物质的化学组成、结构、性质、化学反应及变化的知识，包括掌握化学物品的危险特征、制备方法以及安全处理方法
4	文秘	关于行政和文书记录程序和系统的知识，例如：文字处理、文件记录归档、速记和誊写、表格设计等，还要掌握其他一些办公程序和专门用语
5	传播与媒体	关于传媒制作、交流、传播技术和方法的知识，包括通过书面、口头和可视媒体等方式来传达信息或娱乐受众
6	计算机与电子学	关于线路板、处理器、芯片、电子设备和电脑软硬件的知识，包括关于应用软件和编程方面的知识
7	消费者服务与个人服务	关于向顾客、个人提供服务的原理及过程的知识，这包括评估顾客需求以达到服务质量标准，并确定顾客的满意程度
8	设计	关于在精密技术方案、蓝图、绘图和模型中所涉及的设计技术、工具和原理的知识
9	经济学与会计	关于经济学和会计学的原理与实践，涉及金融市场、银行业以及对金融数据进行分析和报告的知识
10	教育与培训	关于课程设置和培训的原理和方法，教授和指导个人及团体，以及评估培训效果的知识
11	工程与技术	关于工程科技的实际应用的知识，包括应用原理、技术、程序、设计、生产多种产品和服务所用的设备
12	中文语言	关于汉语语言结构和内容的知识，包括词的意义和书写、构成规则和语法

续表

序号	名称	描述
13	美术	关于音乐、舞蹈、视觉艺术、戏剧和雕塑等艺术作品的创作、制作和表现中所涉及的理论和技术知识
14	外国语	关于一门外语语言结构和内容的知识,包括单词的意义和拼写、构成规则、语法和发音
15	地理学	关于描述陆地、海洋、大气特征的原理和方法的知识,包括其物理特征、位置、相互关系,以及关于植物、动物和人类分布的知识
16	历史学与考古学	关于历史事件及其起因、标志,以及对文明和文化的影响的知识
17	法律与政府	关于法律、法规、法庭程序、判例、政府规定、行政指令、机构规则和民主政治进程的知识
18	数学	关于算术、代数、几何、微积分、统计及其应用的知识
19	机械	关于机械和工具的知识,包括其设计、使用、修理和保养
20	人事与人力资源	关于招聘、选拔、培训、薪酬福利、劳动关系和谈判、人事信息系统的知识
21	哲学	关于不同哲学系统和宗教流派的知识,包括基本原理、价值观、道德观、思考方式、习俗、惯例及其对人类文化的影响
22	物理学	关于物质世界的原理、定理和物质相互作用的知识和预测,以及通过实验手段去了解的关于物质、大气运动、机械、电子、原子和亚原子结构与过程的知识
23	生产与加工	关于原材料、生产过程、质量控制、成本和其他知识,并使有限物资有效和最大限度地应用到制造和分配货物中
24	心理学	关于人类行为和表现,能力、个性和兴趣的个体差异,学习与动机,心理研究方法,以及对行为和情感紊乱的评价和治疗的知识
25	销售与营销	关于展示、促销产品及服务的原则和方法的知识,包括营销策略、产品展示、销售技巧及销售控制体系
26	社会学和人类学	关于群体行为和动力学、社会趋势和影响、人类迁徙,以及种族、文化及其历史和起源的知识
27	电信学	关于电信体系中传输、播报、转换、控制和运营的知识
28	治疗与保健咨询	关于身体和精神功能紊乱的诊断、治疗、复健,以及职业咨询与指导的原则、方法和程序的知识

核心知识的重要度:用于定义正在工作的大学毕业生所理解的各项知识在其岗位工作中的重要程度,分为"无法评估"、"不重要"、"有些重要"、"重要"、"非常重要"和"极其重要"六个层次,数据处理时把重要性处理为百分比,0代表"不重要",25%代表"有些重要",50%代表"重

要"，75%代表"非常重要"，100%代表"极其重要"。

工作要求的核心知识水平：用于定义正在工作的大学毕业生所理解的工作对各项知识的要求级别，从低到高分为一级到七级。一级代表该知识的最低水平，取值1/7；七级代表该知识的最高水平，取值1。为了帮助答题人自评级别，问卷在一到七级中分别举了三个例子，以帮助答题人理解知识水平差别。

毕业时掌握的核心知识水平：用于定义正在工作的大学毕业生所理解的对各项知识在刚毕业时实际掌握的级别，从低到高分为一级到七级。一级代表该知识的最低水平，取值1/7；七级代表该知识的最高水平，取值1。为了帮助答题人自评级别，问卷在一级到七级中分别举了三个例子，以帮助答题人理解知识水平差别。

核心知识的满足度：毕业时掌握的核心知识水平满足社会初始岗位的工作要求水平的百分比，100%为完全满足。满足度计算公式的分子是毕业时掌握的核心知识水平，分母是工作要求的核心知识水平。

（二）核心知识重要度和满足度

图3－4－6、图3－4－7和图3－4－8分别是2015～2017届大学毕

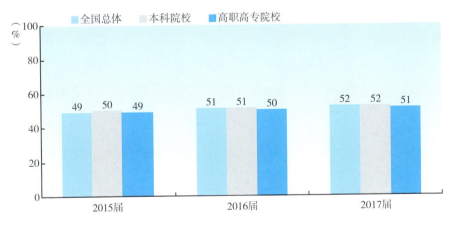

图3－4－6 2015～2017届大学毕业生毕业时掌握的核心知识水平

数据来源：麦可思－中国2015～2017届大学毕业生培养质量跟踪评价。

业生毕业时掌握的核心知识水平和工作岗位要求达到的水平，以及在此基础上计算出的核心知识满足度。可以看出，无论是本科毕业生还是高职高专毕业生，其毕业时对核心知识掌握的水平均低于工作岗位要求的水平。

图3－4－7　2015～2017届大学毕业生工作岗位要求的核心知识水平

数据来源：麦可思－中国2015～2017届大学毕业生培养质量跟踪评价。

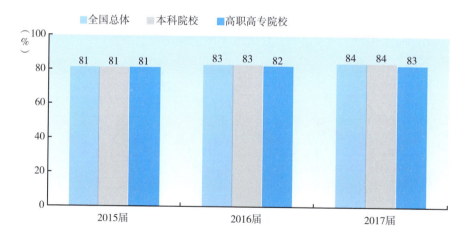

图3－4－8　2015～2017届大学毕业生的核心知识满足度

数据来源：麦可思－中国2015～2017届大学毕业生培养质量跟踪评价。

图 3-4-9 是 2017 届高职高专毕业生的各项核心知识的重要度和满足度。可以看出，2017 届高职高专毕业生最重要的核心知识是营销与沟通知识（重要度为 61%），其满足度较低（79%）。

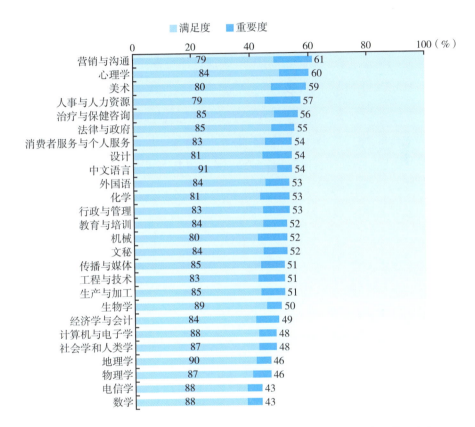

图 3-4-9 2017 届高职高专毕业生的各项核心知识的重要度和满足度*

*历史学与考古学、哲学知识由于样本较少，没有包括在内。
数据来源：麦可思－中国 2017 届大学毕业生培养质量跟踪评价。

三 社团活动评价

社团活动：指毕业生在大学期间参加过的社团活动。社团活动包括："学术科技类（如：统计协会、哲学社、英语角等）"、"社会实践类（如：

193

创业协会等）"、"公益类（如：志愿者协会等）"、"社交联谊类"、"文化艺术类（如：文学社、书画协会等）"、"表演艺术类（如：演讲与口才、歌舞戏剧、声乐器乐协会等）"、"体育户外类"，一个毕业生可以选择参加多类社团活动，也可以选择"没参加任何社团活动"。

社团活动满意度：毕业生选择了参加某类社团活动后，会再评价对该类社团活动是否满意。社团活动满意度=参加过该类社团活动并表示满意的人数/参加过该类社团活动的人数。

图3–4–10是2017届高职高专毕业生参加社团活动的比例及满意度。可以看出，2017届高职高专毕业生在校期间参与度最高的社团活动为"公益类"（26%），其次为"体育户外类"（20%）；有27%的高职高专毕业生没有参加任何社团活动。在对参加的各类社团活动进行评价时，2017届高职高专毕业生满意度最高的活动为"公益类"（91%）。

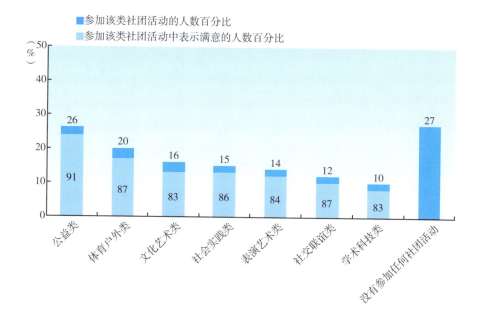

图3–4–10　2017届高职高专毕业生参加社团活动的比例及满意度（多选）

数据来源：麦可思－中国2017届大学毕业生培养质量跟踪评价。

四 在校素养提升

素养提升：由毕业生选择，大学帮助自己在哪些方面素养得到明显提升。一个毕业生可选择多项，也可选择"没有任何帮助"。工程类、艺术类、医学类专业在素养培养上有各自的特点，故这里的素养选项有所不同，具体描述见表3-4-3。

表3-4-3 不同类型专业素养提升选项

专业类型	素养提升选项	专业类型	素养提升选项
工程类	诚实守信	医学类	包容精神
	工程安全		诚实守信
	关注社会		关注社会
	环境意识		积极努力、追求上进
	积极努力、追求上进		健康卫生
	开拓创新		科学态度
	乐于助人		乐于助人
	人生的乐观态度		人生的乐观态度
	团队合作		职业道德
	遵纪守法		遵纪守法
艺术类	包容精神	其他类	包容精神
	诚实守信		诚实守信
	创新精神		关注社会
	关注社会		环境意识
	环境意识		积极努力、追求上进
	积极努力、追求上进		乐于助人
	乐于助人		勤俭朴素
	人生的乐观态度		人生的乐观态度
	艺术修养		人文美学
	遵纪守法		遵纪守法

图3-4-11是2017届高职高专工程类专业毕业生大学期间的素养提升。可以看出，2017届高职高专工程类专业毕业生认为在校期间大学对自己素养提升较高的方面为"人生的乐观态度"（66%）、"团队合作"

（65%）、"积极努力、追求上进"（64%）；此外，还有4%的高职高专工程类专业毕业生认为大学对素养的提升没有任何帮助。

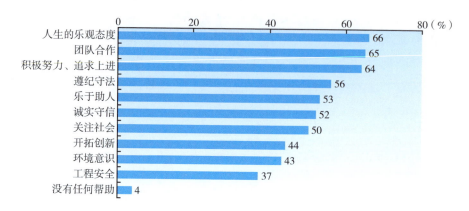

图3-4-11 2017届高职高专工程类专业毕业生大学期间的素养提升（多选）

数据来源：麦可思-中国2017届大学毕业生培养质量跟踪评价。

图3-4-12是2017届高职高专艺术类专业毕业生大学期间的素养提升。可以看出，2017届高职高专艺术类专业毕业生认为在校期间大学对自己素养提升较高的方面为"艺术修养"（64%）、"人生的乐观态度"（61%）、"积极努力、追求上进"（59%）；此外，还有4%的高职高专艺术类专业毕业生认为大学对素养的提升没有任何帮助。

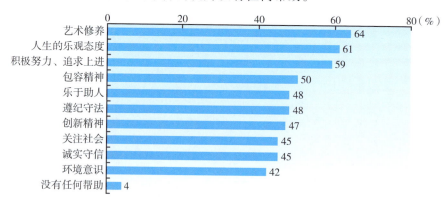

图3-4-12 2017届高职高专艺术类专业毕业生大学期间的素养提升（多选）

数据来源：麦可思-中国2017届大学毕业生培养质量跟踪评价。

　　图 3 – 4 – 13 是 2017 届高职高专医学类专业毕业生大学期间的素养提升。可以看出，2017 届高职高专医学类专业毕业生认为在校期间大学对自己素养提升较高的方面为"职业道德"（67%）、"积极努力、追求上进"（65%）、"人生的乐观态度"（64%）、"健康卫生"（64%）；此外，还有3% 的高职高专医学类专业毕业生认为大学对素养的提升没有任何帮助。

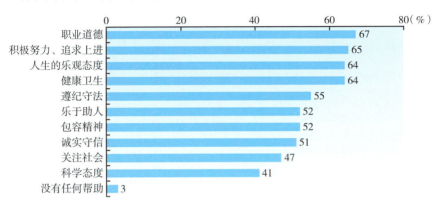

图 3 – 4 – 13　2017 届高职高专医学类专业毕业生大学期间的素养提升（多选）

数据来源：麦可思 – 中国 2017 届大学毕业生培养质量跟踪评价。

　　图 3 – 4 – 14 是 2017 届高职高专其他类专业毕业生大学期间的素养提升。可以看出，2017 届高职高专其他类专业毕业生认为在校期间大学对自

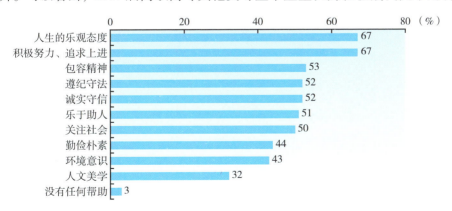

图 3 – 4 – 14　2017 届高职高专其他类专业毕业生大学期间的素养提升（多选）*

　*此处其他类专业是指高职高专除工程类、艺术类、医学类之外的专业。

数据来源：麦可思 – 中国 2017 届大学毕业生培养质量跟踪评价。

已素养提升较高的方面为"人生的乐观态度"、"积极努力、追求上进"（均为67%）；此外，还有3%的高职高专其他类专业毕业生认为大学对素养的提升没有任何帮助。

五　职业能力评价

职业能力：由已经工作的毕业生（毕业三年后、十年后）选择自己工作中重要的职业能力。一个毕业生可选择多项。各项职业能力描述见表3-4-4。

表3-4-4　职业能力描述

职业能力	描述
自我定位能力	客观分析评估个人各项知识和技能的能力
职业规划能力	对职业生涯进行持续的系统计划的能力
工作搜寻能力	全面系统的搜索工作机会的能力
自我行销能力	通过有效的方法和手段将自己推销出去的能力
持续学习能力	持续接受并学习新知识和技能的能力
资源掌控能力	个体构建和使用社会资源的能力

图3-4-15、图3-4-16是毕业生三年后、十年后认为各项职业能力的重要程度。可以看出，2014届高职高专毕业生三年后认为职场中持续学

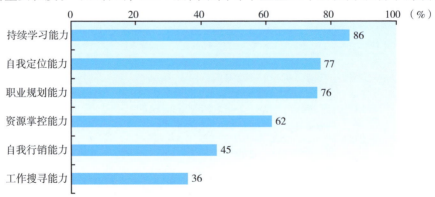

图3-4-15　2014届高职高专生毕业三年后认为各项职业能力的重要程度

数据来源：麦可思-中国2014届大学毕业生三年后职业发展跟踪评价。

习能力最重要（86%）；另外 2006 届、2007 届大学毕业生十年后认为最重要的职业能力依然是持续学习能力（83%）。可见持续学习能力对毕业生职场发展的重要程度较高。

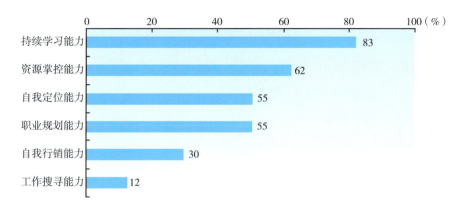

图 3－4－16 2006 届、2007 届大学生毕业十年后认为各项职业能力的重要程度

数据来源：麦可思－中国 2006 届、2007 届大学毕业生十年后职业发展跟踪评价。

表 3－4－5 2014 届高职高专生毕业三年后从事的主要职业类最重要的三项职业能力**

高职高专职业类名称	第一重要的职业能力	第二重要的职业能力	第三重要的职业能力
保险	持续学习能力	自我定位能力	职业规划能力
表演艺术/影视	持续学习能力	自我定位能力	职业规划能力
财务/审计/税务/统计	持续学习能力	职业规划能力	自我定位能力
餐饮/娱乐	持续学习能力	自我定位能力	职业规划能力
测绘	持续学习能力	自我定位能力	职业规划能力
电力/能源	持续学习能力	自我定位能力	职业规划能力
电气/电子(不包括计算机)	持续学习能力	自我定位能力	职业规划能力
房地产经营	持续学习能力	自我定位能力	职业规划能力
服装/纺织/皮革	持续学习能力	自我定位能力	职业规划能力
高等教育/职业培训	持续学习能力	职业规划能力	自我定位能力
工业安全与质量	持续学习能力	自我定位能力	职业规划能力
公安/检察/法院/经济执法	持续学习能力	自我定位能力	职业规划能力
行政/后勤	持续学习能力	自我定位能力	职业规划能力
互联网开发及应用	持续学习能力	自我定位能力	职业规划能力

续表

高职高专职业类名称	第一重要的职业能力	第二重要的职业能力	第三重要的职业能力
环境保护	持续学习能力	自我定位能力	职业规划能力
机动车机械/电子	持续学习能力	自我定位能力	职业规划能力
机械/仪器仪表	持续学习能力	自我定位能力	职业规划能力
计算机与数据处理	持续学习能力	自我定位能力	职业规划能力
建筑工程	持续学习能力	自我定位能力	职业规划能力
交通运输/邮电	持续学习能力	自我定位能力	职业规划能力
金融(银行/基金/证券/期货/理财)	持续学习能力	自我定位能力	职业规划能力
经营管理	自我定位能力	持续学习能力	职业规划能力
酒店/旅游/会展	持续学习能力	自我定位能力	职业规划能力
矿山/石油	持续学习能力	自我定位能力	职业规划能力
媒体/出版	持续学习能力	自我定位能力	职业规划能力
美容/健身	持续学习能力	职业规划能力	自我定位能力
美术/设计/创意	持续学习能力	职业规划能力	自我定位能力
农/林/牧/渔类	持续学习能力	自我定位能力	职业规划能力
人力资源	持续学习能力	职业规划能力	自我定位能力
社区工作者	持续学习能力	自我定位能力	职业规划能力
生产/运营	持续学习能力	自我定位能力	职业规划能力
生物/化工	持续学习能力	自我定位能力	职业规划能力
物流/采购	持续学习能力	自我定位能力	职业规划能力
销售	持续学习能力	职业规划能力	自我定位能力
医疗保健/紧急救助	持续学习能力	职业规划能力	自我定位能力
幼儿与学前教育	持续学习能力	职业规划能力	自我定位能力
中小学教育	持续学习能力	职业规划能力	自我定位能力

＊个别职业类因为样本较少，没有包括在内。

数据来源：麦可思－中国2014届大学毕业生三年后职业发展跟踪评价。

六　职业素养评价

职业素养：由已经工作的毕业生（毕业三年后、十年后）选择自己工作中重要的职业素养。一个毕业生可选择多项。各项职业素养描述见表3－4－6。

表3－4－6　职业素养描述

职业素养	描述
压力承受能力	对工作中逆境引起的心理压力和负性情绪的承受与调节的能力
环境适应能力	根据工作环境条件改变自身习惯，调节自身与环境的关系的能力
洞察力	深入了解工作中遇到的各项事物或问题的能力
信息获取和选择能力	为解决工作中遇到的问题而利用一定的信息技术获取信息的能力
策略谋划能力	制定工作中的短、中、长目标并将其付诸实施的能力
责任约束感	自觉履行被赋予的工作义务的态度
忠诚度认识	对所属用人单位所表现出来的心理归属和奉献程度
协作解决问题能力	与他人合作，共同解决问题的能力

图3－4－17、图3－4－18是毕业生三年后、十年后认为各项职业素养的重要程度。可以看出，2014届高职高专毕业生三年后认为职场中环境适应能力最重要（85%），其后是压力承受能力（82%）、协作解决问题能力（81%）；另外2006届、2007届大学毕业生十年后认为最重要的职业素养是协作解决问题能力（67%）。可见随着职业生涯的发展，协作解决问题能力的重要程度进一步显现。

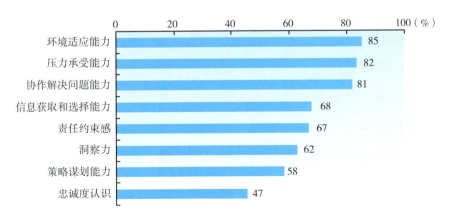

图3－4－17　2014届高职高专生毕业三年后认为各项职业素养的重要程度

数据来源：麦可思－中国2014届大学毕业生三年后职业发展跟踪评价。

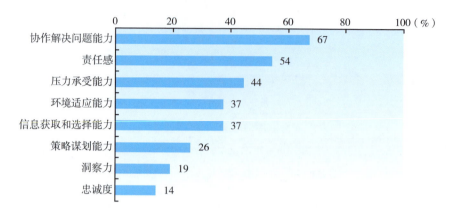

图 3 - 4 - 18   2006 届、2007 届大学生毕业十年后认为各项职业素养的重要程度

数据来源：麦可思 - 中国 2006 届、2007 届大学毕业生十年后职业发展跟踪评价。

表 3 - 4 - 7   2014 届高职高专生毕业三年后从事的主要

职业类最重要的三项职业素养*

高职高专 职业类名称	第一重要的 职业素养	第二重要的 职业素养	第三重要的 职业素养
保险	压力承受能力	环境适应能力	协作解决问题能力
表演艺术/影视	压力承受能力	环境适应能力	协作解决问题能力
财务/审计/税务/统计	环境适应能力	压力承受能力	协作解决问题能力
餐饮/娱乐	环境适应能力	压力承受能力	协作解决问题能力
测绘	环境适应能力	协作解决问题能力	压力承受能力
电力/能源	环境适应能力	协作解决问题能力	压力承受能力
电气/电子（不包括计算机）	环境适应能力	压力承受能力	协作解决问题能力
房地产经营	环境适应能力	压力承受能力	协作解决问题能力
服装/纺织/皮革	环境适应能力	压力承受能力	协作解决问题能力
高等教育/职业培训	压力承受能力	环境适应能力	协作解决问题能力
工业安全与质量	环境适应能力	协作解决问题能力	压力承受能力
公安/检察/法院/经济执法	环境适应能力	压力承受能力	协作解决问题能力
行政/后勤	环境适应能力	协作解决问题能力	压力承受能力
互联网开发及应用	压力承受能力	环境适应能力	协作解决问题能力
环境保护	环境适应能力	压力承受能力	协作解决问题能力
机动车机械/电子	环境适应能力	压力承受能力	协作解决问题能力
机械/仪器仪表	环境适应能力	协作解决问题能力	压力承受能力
计算机与数据处理	环境适应能力	压力承受能力	协作解决问题能力

续表

高职高专 职业类名称	第一重要的 职业素养	第二重要的 职业素养	第三重要的 职业素养
建筑工程	环境适应能力	协作解决问题能力	压力承受能力
交通运输/邮电	环境适应能力	压力承受能力	协作解决问题能力
金融(银行/基金/证券/期货/理财)	压力承受能力	环境适应能力	协作解决问题能力
经营管理	环境适应能力	压力承受能力	协作解决问题能力
酒店/旅游/会展	环境适应能力	协作解决问题能力	压力承受能力
矿山/石油	环境适应能力	压力承受能力	协作解决问题能力
媒体/出版	压力承受能力	协作解决问题能力	环境适应能力
美容/健身	环境适应能力	协作解决问题能力	压力承受能力
美术/设计/创意	环境适应能力	压力承受能力	协作解决问题能力
农/林/牧/渔类	环境适应能力	压力承受能力	协作解决问题能力
人力资源	压力承受能力	环境适应能力	协作解决问题能力
社区工作者	环境适应能力	压力承受能力	协作解决问题能力
生产/运营	环境适应能力	压力承受能力	协作解决问题能力
生物/化工	环境适应能力	协作解决问题能力	压力承受能力
物流/采购	压力承受能力	环境适应能力	协作解决问题能力
销售	压力承受能力	环境适应能力	协作解决问题能力
医疗保健/紧急救助	环境适应能力	协作解决问题能力	压力承受能力
幼儿与学前教育	环境适应能力	压力承受能力	协作解决问题能力
中小学教育	环境适应能力	协作解决问题能力	压力承受能力

＊个别职业类因为样本较少，没有包括在内。

数据来源：麦可思－中国2014届大学毕业生三年后职业发展跟踪评价。

专题分析

B.15

专题一

工科大类毕业生专业相关度与在校培养因果分析

　　当前，国家实施创新驱动发展，深入推进"中国制造2025"、"互联网＋"等重大战略，以新技术、新业态、新模式、新产业为代表的新经济蓬勃发展，这也对工科大类①人才提出了更高要求。本专题基于OBE理念（Outcomes – Based Education，成果导向教育），以2013～2017届毕业生就业结果数据为依据，挖掘工科大类专业人才培养过程中的问题，探索工科大类人才培养改进的关键因素，为高校推进工科大类专业的建设与发展提供参考。

---

　　① 包含材料与能源、电子信息、交通运输、轻纺食品、水利、土建、制造、资源开发与测绘八大类的高职高专专业。

一　工科大类毕业生工作与专业相关度下滑

从近五年的数据来看（见图4-1-1），工科大类高职高专毕业生的工作与专业相关度呈现下降趋势，从2013届的62%下降到了2017届的58%；而非工科大类高职高专毕业生的工作与专业相关度略微呈现上升趋势，从2013届的62%上升到了2017届的64%。工科大类高职高专毕业生的工作与专业相关度与非工科大类相比差距逐渐扩大，这在一定程度上反映出工科大类专业人才培养与产业发展要求相比依然存在不匹配的地方。为了更好地适应产业发展要求，工科大类毕业生的专业相关度需要提高。

图4-1-1　2013~2017届工科大类与非工科大类高职高专毕业生的工作与专业相关度变化趋势

数据来源：麦可思-中国2013~2017届大学毕业生培养质量跟踪评价。

二　影响工科大类毕业生专业相关度的因素

毕业生的就业质量是在校期间培养效果的综合体现，为了提升工科大类毕业生的专业相关度，需要了解在校期间各个培养环节对专业相关度的影响

响度，从而为提高专业相关度指引改进方向。通过因果分析发现，在校期间的教学培养和学校提供的就业服务质量对毕业生的工作与专业相关度有显著性影响①。

其中培养方面，影响工作与专业相关度的关键因素是专业实习和课程培养效果。具体来看，有相关实习经历的工科大类高职高专毕业生从事专业相关工作的比例比无相关实习经历的高 26 个百分点（见图 4 - 1 - 2）；认为课程满足度较高的工科大类高职高专毕业生从事专业相关工作的比例比认为课程满足度较低的高 16 个百分点（见图 4 - 1 - 3）。与非工科大类相比，课程培养对工科大类毕业生专业相关度的影响程度更明显。

---

① 是否有专业相关实习、课程满足度、能力/知识满足度、是否通过学校获取工作、求职服务有效性对专业相关度有显著性影响（$p < 0.01$）。

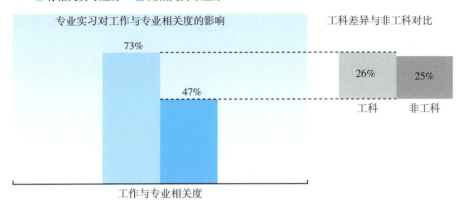

图 4 – 1 – 2　专业实习对工科大类毕业生工作与专业相关度的影响

数据来源：麦可思 – 中国 2017 届大学毕业生培养质量跟踪评价。

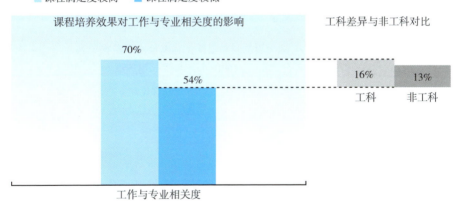

图 4 – 1 – 3　课程培养对工科大类毕业生工作与专业相关度的影响

数据来源：麦可思 – 中国 2017 届大学毕业生培养质量跟踪评价。

三　院校差异分析

　　工科大类的专业相关度在不同类型院校中显现差异：优质工科高职院校[①]工

―――――――――

①　优质高职院校中的工科特色院校。

科大类毕业生的工作与专业相关度（2017 届 61%）高于其他高职院校毕业生（2017 届 56%）（见图 4 - 1 - 4）。追溯其培养过程可以发现，两类高校的培养环节存在一定差异。下面将从课程教学、实习实践等主要影响因素探寻两类高校差异的来源。

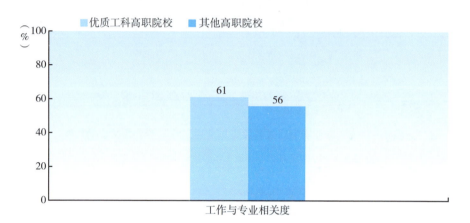

图 4 - 1 - 4　2017 届优质工科高职院校和其他高职院校工科大类毕业生的工作与专业相关度

数据来源：麦可思 - 中国 2017 届大学毕业生培养质量跟踪评价。

（一）课程教学方面

优质工科高职院校工科大类毕业生的课程满足度（64%）高于其他高职院校（61%），而影响课程教学效果的因素包括课程教学内容、教师教学行为和学生学习活动。具体分析如下：

1. 优质工科高职院校课程教学内容的应用性更强

麦可思从课程教学内容的基础性、应用性和广深性①三大类别 7 个方面来调研在校大学生对课程教学内容的评价。

---

① 课程教学内容基础性评价主要是了解专业基础课程内容是否充实、是否注重公共基础知识教育，应用性评价主要了解是否注重学科之间的交叉融合、实践与理论的结合以及学生动手能力的培养，广深性评价主要了解是否介绍了专业发展动向、是否能拓宽知识面。

从总体评价结果来看，其他高职院校工科大类学生对课程教学内容评价较好的比例（以"非常符合"和"符合"的比例衡量，下同）低于优质工科高职院校，课程内容设置与优质工科高职院校相比仍有差距。

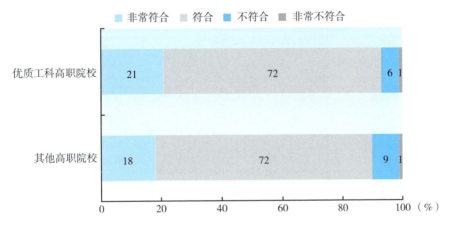

图4-1-5 工科大类高职高专在校大学生对课程教学内容的整体评价

数据来源：麦可思2016～2017学年学生成长评价。

进一步深入来看，优质工科高职院校的课程在应用性方面具有明显优势，在校大学生认为课程内容设置应用性较强的比例比其他高职院校高4个百分点（见图4-1-6），尤其是在重视实践与理论相结合、注重

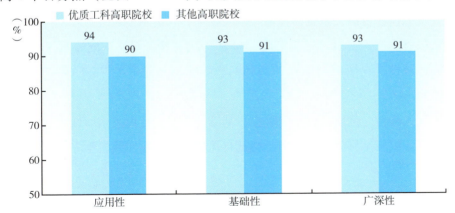

图4-1-6 工科大类高职高专在校大学生对课程教学内容评价较好的比例

数据来源：麦可思2016～2017学年学生成长评价。

动手能力培养方面，优质工科高职院校的课程内表现得更为突出（见图
4-1-7）。

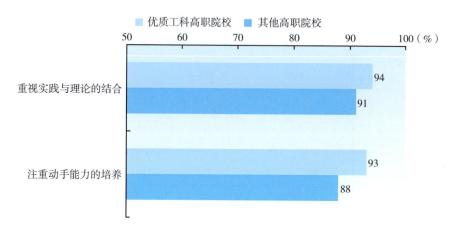

**图 4-1-7　工科大类高职高专在校大学生对课程教学
内容实用性评价较好的比例**

数据来源：麦可思 2016～2017 学年学生成长评价。

2. 优质工科高职院校教师实践性教学行为更突出

麦可思从基础性、实践性和拓展性①三大类教学角度 14 项具体教学行
为来调研在校大学生对教师教学行为的评价。

从总体评价结果来看，其他高职院校工科大类学生对教师教学行为整体
评价较好的比例（以"总是"和"经常"的比例衡量，下同）低于优质工
科高职院校（见图 4-1-8），教师的教学能力与优质工科高职院校相比仍
有差距。

深入来看，优质工科高职院校在基础性、实践性以及拓展性教学方面与
其他高职院校工科大类教师相比均具有优势，其中在实践教学方面优势最为

---

① 教师教学行为中，基础性教学主要了解教师是否能在课上清晰传达培养目标并有计划地组
　织课堂教学、课后是否有充足的反馈和答疑；实践性教学主要了解教学过程中是否有实践
　实训相关活动；拓展性教学主要是了解教师的教学技巧，如增加互动和案例提高课程吸引
　力。

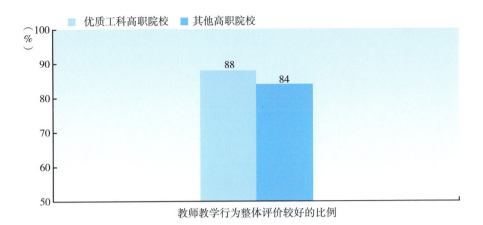

**图 4 - 1 - 8　工科大类高职高专在校大学生对教师教学
行为整体评价较好的比例**

数据来源：麦可思 2016 ~ 2017 学年学生成长评价。

明显，学生认为实践教学行为较好的比例（88%）比其他高职院校（83%）
高 5 个百分点（见图 4 - 1 - 9）。其他高职院校教师需要更加注重自身实践
教学能力的提升。

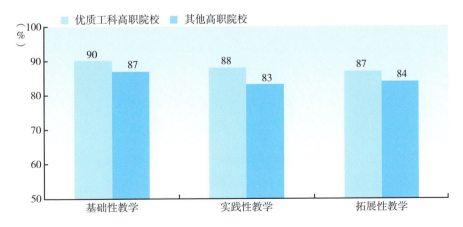

**图 4 - 1 - 9　工科大类高职高专在校大学生对教师
教学行为评价较好的比例**

数据来源：麦可思 2016 ~ 2017 学年学生成长评价。

3. 学习方面，优质工科高职院校学生学习主动性更强

麦可思从学生的学习态度、学习方法和学习互动①三大角度 10 项学习活动来调研在校大学生的学习主动性（频率较高的比例以"总是"和"经常"发生的比例衡量，下同）。

数据显示，优质工科高职院校工科大类学生在学习方法方面具有明显优势，学习方法使用频率较高的比例比其他高职院校高 4 个百分点（见图 4 - 1 - 10），尤其是在借鉴他人方法与经验、合理分配学习时间和精力方面，优质工科高职院校工科大类学生表现得更为突出（见图 4 - 1 - 11）。

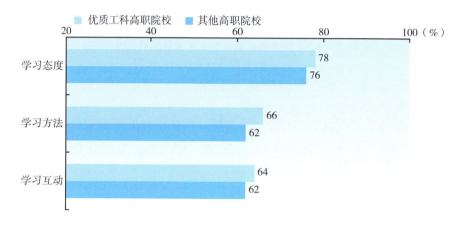

图 4 - 1 - 10　工科大类高职高专在校大学生学习活动频率较高的比例

数据来源：麦可思 2016～2017 学年学生成长评价。

值得注意的是，学习主动性不仅有利于专业相关度的提升，对毕业生长远的职业发展也具有积极影响。通过对 2006 届、2007 届大学毕业生十年后的跟踪评价可知，持续学习能力是对毕业生职场发展要程度最高的职业能力（有 83% 的毕业生认为重要），且受在校经历的影响最为持久（77% 的毕业生认为在校经历对其有影响）。

---

① 学习态度主要了解学生是否专心上课、认真对待作业，学习方法主要了解学生是否能合理分配学习精力、总结课堂知识、制定学习计划等，学习互动主要学生是否和同学、老师讨论问题。

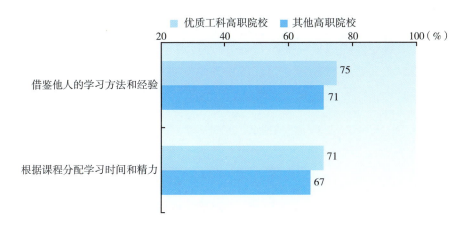

图 4 - 1 - 11　工科大类高职高专在校大学生学习方法使用频率较高的比例

数据来源：麦可思 2016~2017 学年学生成长评价。

（二）实习实践环节方面，优质工科高职院校开展效果更胜一筹

如前所述，专业实习对毕业生获取专业相关工作具有明显的促进作用。但从在校生的实习实践效果来看，其他高职院校工科大类学生对实习实践的满意度（83%）明显低于优质工科高职院校（87%）（见图 4 - 1 - 12）。

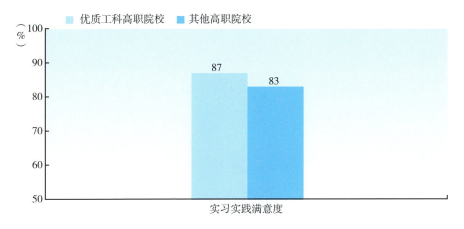

图 4 - 1 - 12　工科大类高职高专在校大学生的实习实践满意度

数据来源：麦可思 2016~2017 学年学生成长评价。

从在校生对实习实践各环节的评价来看，其他高职院校工科大类学生对各方面评价较好的比例（以非常符合和符合的比例衡量）均低于优质工科高职院校，尤其是在"场地充足、设备齐整"方面，其他高职院校与优质工科高职院校相比差距较大（见图4－1－13）。

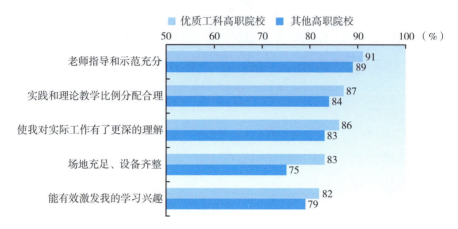

图4－1－13　工科大类高职高专在校大学生对实习实践环节各方面评价较好的比例

数据来源：麦可思2016~2017学年学生成长评价。

另外从雇主的角度来看，用人单位和优质工科高职院校开展校企合作的比例（39%）更高（见图4－1－14）。从校企合作意愿来看，用人单位与

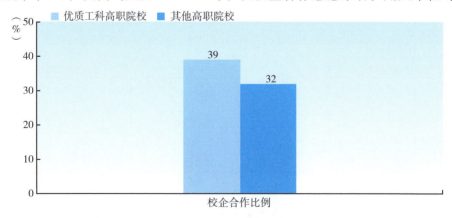

图4－1－14　用人单位与学校有过校企合作的比例

数据来源：麦可思2016~2018年用人单位跟踪评价。

优质工科高职院校的合作意愿更强（见图 4-1-15），尤其在为学校提供师资或讲座方面，优质工科高职院校（23%）高于其他高职院校（15%）较多，这也反映出优质工科高职院校在产学合作方面更具有优势。

图 4-1-15　用人单位愿意与学校校企合作的主要方式（多选）

数据来源：麦可思 2016~2018 年用人单位跟踪评价。

四　结语

针对工科大类专业相关度持续下降的现象，通过本文分析，发现学生在校期间的课程培养和实习实践效果是其关键影响因素。从院校差异来看，其他高职院校改进空间较大，集中体现在课程教学内容应用性、教师实践性教学行为、学生学习方法、实习开展效果以及实践资源方面。

B.16

专题二

医药卫生大类毕业生就业满意度与在校培养因果分析

《"健康中国2030"规划纲要》的推进实施将卫生与健康事业发展摆在了经济社会发展全局的重要位置。面对全面两孩政策实施、社会老龄化进程加速以及城镇化率不断提高等因素给卫生与健康事业发展带来的挑战，医药卫生类人才培养需要持续完善以适应行业发展要求。本专题根据医药卫生大类的培养与职业发展特点，以 2013～2017 届毕业生半年后就业数据、2012～2014 届毕业生三年后职业发展数据为依据，挖掘医药卫生大类专业人才培养过程中的问题，为医药卫生类人才培养的改革创新提供参考。

一 医药卫生大类高职高专毕业生就业满意度增长缓慢

综合近五年的就业情况，医药卫生大类高职高专毕业生毕业半年后的就业满意度增长幅度变缓，且 2017 届的就业满意度（65%）比 2016 届（66%）下降了 1 个百分点（见图 4 - 2 - 1），而非医药卫生大类高职高专毕业生的就业满意度持续上升，医药卫生大类毕业半年后就业满意度的优势消失。同时，医药卫生大类专业毕业三年后的就业满意度与非医药卫生大类平均水平相比优势有所缩小（见图 4 - 2 - 2）。毕业生对工作的满意和认可有利于提升其工作积极性与服务质量，这也有利于促进卫生与健康事业的持续发展，因此医药卫生大类毕业生就业满意度增长缓慢的现象值得关注。

医护类职业从业者需要通过较长时间深入了解和适应工作内容，因此毕

**图4-2-1 2013~2017届医药卫生大类高职高专毕业生
毕业半年后的就业满意度变化趋势**

数据来源：麦可思-中国2013~2017届大学毕业生培养质量跟踪评价。

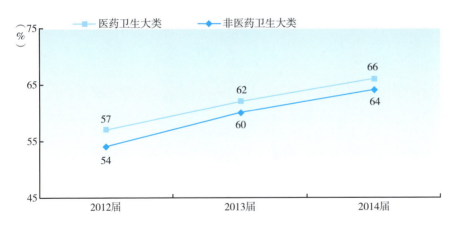

**图4-2-2 2012~2014届医药卫生大类高职高专毕业生毕业
三年后的就业满意度变化趋势**

数据来源：麦可思-中国2012~2014届大学毕业生三年后职业发展跟踪评价。

业中期的就业满意度参考意义更大。从不同专业类来看，2014届高职高专
护理类、医学技术类专业毕业生三年后的就业满意度（分别为70%、68%）
相对较高，临床医学类专业毕业生三年后的就业满意度（57%）相对较低，
提升医药卫生大类的就业满意度需要重点关注临床医学类专业。

二 影响临床医学类毕业生就业满意度的主要因素

以下将探寻在校期间培养环节对就业满意度的影响程度，从而为提高就业满意度指引改进方向。通过因果分析发现，学生在校期间职业目标和规划的清晰程度以及职业素养的提升程度对于毕业三年后的就业满意度具有显著性影响。

职业目标和规划清晰的毕业生三年后就业满意度（63%）明显高于不清晰的毕业生（52%）（见图4-2-3）；此外，职业素养提升较多的毕业生三年后就业满意度（65%）明显高于职业素养提升较少的人群（52%）（见图4-2-4）。

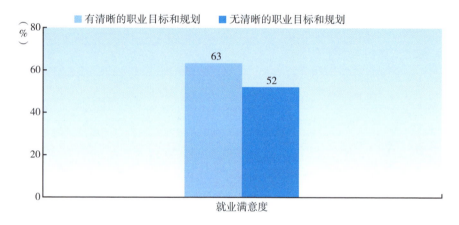

图 4 - 2 - 3　职业目标和规划对临床医学类高职高专毕业生毕业三年后就业满意度的影响

数据来源：麦可思－中国2014届大学毕业生三年后职业发展跟踪评价。

毕业生职业目标和规划清晰与否较大程度受职业成熟度①的影响。在校期间职业成熟度越高，对职业发展路径越清晰，工作后的满意度会越高；同时，良好的职业素养可以帮助缓解工作矛盾与压力、促进职业发展，从而促

---

① 指学生在职业生涯发展任务上的心理准备程度，从学生的职业规划和目标、职业自信等方面来衡量。

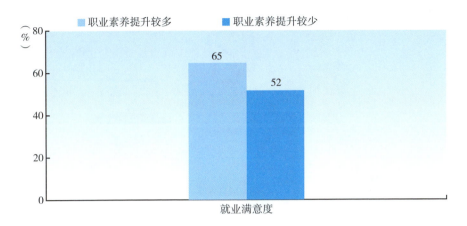

图4-2-4　职业素养提升对临床医学类高职高专毕业生
毕业三年后就业满意度的影响

数据来源：麦可思-中国2014届大学毕业生三年后职业发展跟踪评价。

进就业满意度的提升。因此提高临床医学类专业学生的职业成熟度与职业素养对提升其毕业三年后的就业满意度具有重要作用。

三　提高临床医学类学生职业成熟度的主要方式

麦可思在校大学生成长评价数据分析结果显示，在校学生对专业的认知和认同情况、学习行为、实习实践参与效果、课程教学内容、教师教学行为等方面均对职业成熟度存在影响。其中，高影响因素见表4-2-1。

针对临床医学类学生，影响职业成熟度的关键因素是专业认知、专业认同以及职业规划指导，加强这几方面的工作可较大程度提升临床医学类专业学生的职业成熟度。具体来看：了解专业未来就业及发展的学生职业成熟度比不了解的高34个百分点（见图4-2-5）；认为适合在本专业学习的学生比认为不适合的高28个百分点（见图4-2-6）；认为职业规划指导效果较好的学生比认为职业规划指导效果较差的高24个百分点（见图4-2-7）。相比本专业大类中的非临床医学类专业，专业认知、专业认同以及职业规划对临床医学类专业的影响更显著。

专业认知

专业认同

课程内容

职业成熟度

学习活动

教师教学

实习实践

就业指导

表 4 – 2 – 1　职业成熟度高影响因素*

影响因素			对职业成熟度的显著性影响检验
学习投入	专业认知	了解专业的就业及发展	√
		了解专业的专业技能要求	√
		了解专业的职业素养要求	√
	学习活动	总结所学知识	√
		搜集/阅读参考资料	√
		与老师讨论问题	√
	专业认同	关注与本专业相关的行业热点和前沿动态	√
		认为适合在本专业学习	√
		对本专业的未来发展有信心	√
		如果重新选择专业,仍会选择本专业	√
	实习实践	有实习背景	√
学习环境	教师教学行为	提供案例或事例讨论	√
	课程教学内容	教学内容有利于拓宽知识面	√
	就业指导	对就业指导满意	√

*　"√"表示在 1% 的显著性水平下有显著差异。

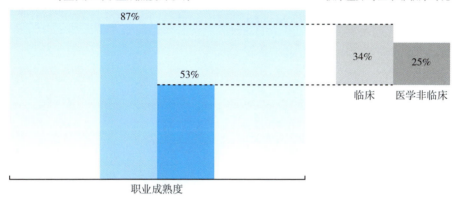

图 4－2－5　专业认知对临床医学类高职高专学生职业成熟度的影响

数据来源：麦可思 2016～2017 学年学生成长评价。

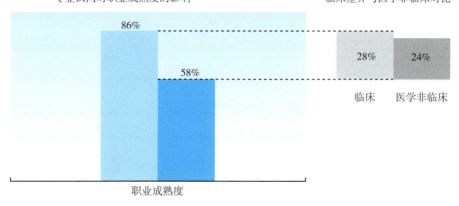

图 4－2－6　专业认同对临床医学类高职高专学生职业成熟度的影响

数据来源：麦可思 2016～2017 学年学生成长评价。

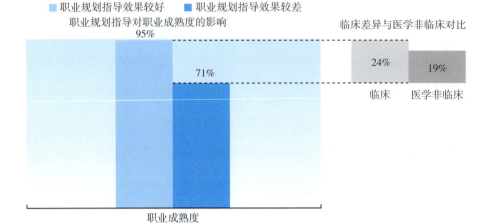

图 4 – 2 – 7　职业规划指导对临床医学类高职高专职业成熟度的影响

数据来源：麦可思 2016～2017 学年学生成长评价。

四　提升临床医学类毕业生职业素养的主要方式

（一）需重点提升持续学习观念和沟通意识

培养临床医学类学生的职业素养应有所侧重。麦可思毕业生数据显示，临床医学类毕业生认为学习观念、责任心、团队精神、尊重他人、沟通意识、实事求是态度对实际工作的重要程度均较高（平均重要度 70% 以上），但认为学校对其中的学习观念以及沟通意识培养的满足度相对较低（均为84%）（见图 4 – 2 – 8）。从麦可思对毕业生三年后、十年后的跟踪评价数据来看，学习观念和沟通意识职业素养的重要度评价持续较高。因此完善学习观念和沟通意识的培养显得至关重要。

（二）良好的临床实习效果有助于职业素养提升

学生职业素养的提升需关注高影响的培养环节。麦可思毕业生数据显示，职业素养的提升与临床实习的效果具有相关性，对临床实习满意人群的

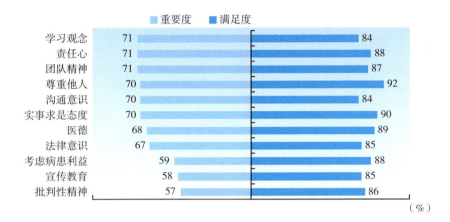

图4－2－8 临床医学类高职高专毕业生对职业素养的重要度和满足度评价

数据来源：麦可思－中国2017届大学毕业生培养质量跟踪评价。

职业素养满足度（88%）明显高于对临床实习不满意的人群（78%）（见图 4－2－9）。学生在临床实习中可通过实践训练、接触病患等方式进一步强化职业素质，因此临床实习开展过程中可重点关注上述方面的效果，从而更好地促进学生职业素养的提升。

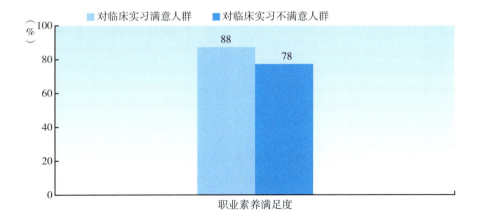

图4－2－9 临床实习对临床医学类高职高专毕业生职业素养的影响

数据来源：麦可思－中国2017届大学毕业生培养质量跟踪评价。

此外根据麦可思毕业生数据可知，加强师生互动、鼓励学生积极参与社团活动也是提升职业素养的有效方式，可有针对性地关注和强化。

五　不同群体差异分析

进一步分析发现，不同级别医院、学历提升/未提升人群三年后的就业满意度存在一定差异，具体分析如下。

（一）不同级别医院

临床医学类高职高专毕业生三年后主要在公办性质的医院就业，其中在三级医院就业的毕业生就业满意度为 62%，明显高于在一、二级医院就业的毕业生（53%）（见图 4 - 2 - 10）。

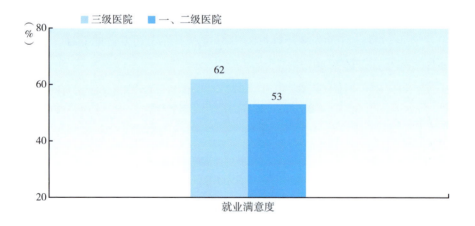

图 4 - 2 - 10　不同级别医院就业临床医学类毕业生毕业三年后的就业满意度

数据来源：麦可思 - 中国 2014 届大学毕业生三年后职业发展跟踪评价。

从影响就业满意度的主要因素来看，在三级医院就业毕业生的职业目标和规划更清晰，毕业生有清晰职业目标和规划的比例（78%）比就业于一、二级医院的毕业生（66%）高 12 个百分点（见图 4 - 2 - 11）。

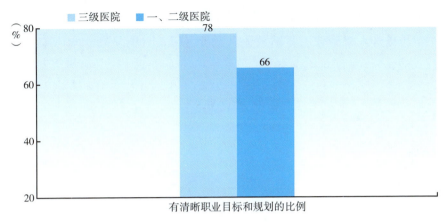

图 4 - 2 - 11　不同级别医院就业临床医学类毕业生有清晰职业目标和规划的比例

数据来源：麦可思 - 中国 2014 届大学毕业生三年后职业发展跟踪评价。

与此同时，在三级医院就业的毕业生认为职业素养满足工作需要的程度更高，毕业生职业素养满足度（90%）比在一、二级医院就业的毕业生（85%）高 5 个百分点（见图 4 - 2 - 12）。

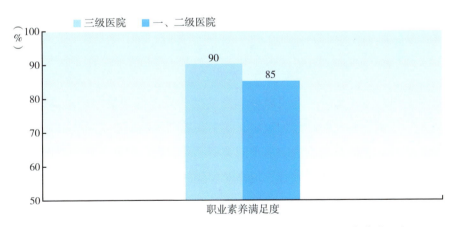

图 4 - 2 - 12　不同级别医院就业临床医学类毕业生的职业素养满足度

数据来源：麦可思 - 中国 2017 届大学毕业生培养质量跟踪评价。

（二）学历提升/未提升

在医疗卫生领域，学历往往是影响毕业生职位晋升与职业发展的重要因素，学历提升对就业满意度具有积极影响。麦可思数据显示，临床医学类专业中学历提升人群毕业三年后就业满意度（62%）明显高于学历未提升的人群（52%）（见图 4 – 2 – 13）。

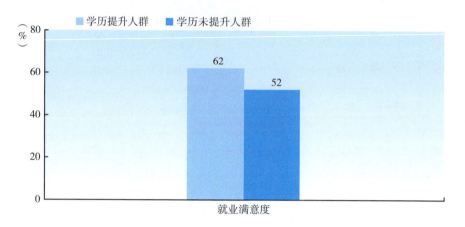

图 4 – 2 – 13　2014 届不同学历层次临床医学类毕业生毕业三年后的就业满意度

数据来源：麦可思 – 中国 2014 届大学毕业生三年后职业发展跟踪评价。

六　结语

针对医药卫生大类毕业生就业满意度增长放缓的现象，通过本文分析，发现临床医学类专业问题较为突出，学生在校期间的职业成熟度和职业素养提升情况是其关键影响因素。从不同类型医院来看，就业于非三级医院的毕业生更需要加强职业前瞻教育，提高对职业的认知程度，提升职业素养。此外，学历提升对毕业生的就业满意度也具有积极影响。

B.17
附　录
名词解释

以下名词按照首字拼音字母的顺序排列。

B

毕业半年后：2017 届毕业生毕业第二年（即 2018 年）的 1 月左右。麦可思在此时展开跟踪评价，收集数据。此时毕业生的就业状况趋于稳定，有工作经历的毕业生也能够评估工作对自己知识、能力的要求水平。

毕业半年后的平均月收入：指大学生毕业半年后实际每月工作收入的平均值。

毕业去向分布：麦可思将中国本科毕业生的毕业状况分为十类：受雇全职工作；受雇半职工作；自主创业；毕业后入伍；正在国内读研；正在港澳台地区及国外读研；无工作，准备国内读研；无工作，准备到港澳台地区及国外读研；无工作，继续寻找工作；无工作，其他。同理将中国高职高专毕业生的毕业状况分为七类：受雇全职工作；受雇半职工作；自主创业；毕业后入伍；毕业后读本科；无工作，继续寻找工作；无工作，其他。其中，受雇全职工作指平均每周工作 32 小时或以上。受雇半职工作指平均每周工作 20 小时到 31 小时。

毕业三年后：麦可思于 2017 年对 2014 届大学毕业生进行了三年后跟踪评价（曾于 2015 年初对这批大学毕业生进行过半年后跟踪评价），本报告涉及的三年内的变化分析即使用两次对同一批大学生的跟踪评价数据。

毕业十年后：麦可思于 2017 年底对 2006 届、2007 届大学毕业生进行

227

了十年后跟踪评价（曾于 2007 年、2008 年初对这批大学毕业生进行过半年后跟踪评价，2009 年、2010 年底对同批大学毕业生进行过三年后再跟踪评价），本报告涉及的十年后变化分析即使用三次对同一批大学生的跟踪评价数据。

毕业时掌握的核心知识水平：用于定义正在工作的大学毕业生所理解的对各项知识在刚毕业时实际掌握的级别，从低到高分为一级到七级。一级代表该知识的最低水平，取值 1/7；七级代表该知识的最高水平，取值 1。为了帮助答题人自评级别，问卷在一级到七级中分别举了三个例子，以帮助答题人理解知识水平差别。

毕业时掌握的基本工作能力水平：用于定义正在工作的大学毕业生所理解的对 35 项基本工作能力在刚毕业时实际掌握的级别，从低到高分为一级到七级。一级代表该能力的最低水平，取值 1/7；七级代表该能力的最高水平，取值 1。为了帮助答题人自评级别，问卷在一级到七级中分别举了三个例子，以帮助答题人理解能力差别。

C

城市类型：本研究按行政级别把中国内地城市分为以下三种类型。

a. 直辖市：包括北京、上海、天津、重庆。

b. 副省级城市：包括哈尔滨、长春、沈阳、大连、济南、青岛、南京、杭州、宁波、厦门、广州、深圳、武汉、成都、西安 15 个城市。部分省会城市不属于副省级城市。

c. 地级城市及以下：如绵阳、保定、苏州等，也包括省会城市如福州、银川等以及地级市下属的县、乡等。

创新能力：35 项基本工作能力中与创新能力相关的几项能力，包括科学分析、批判性思维、积极学习、新产品构思四项能力。

创新创业教育：指毕业生在大学期间参加过的创新创业教育。包括："创业辅导活动"、"创业教学课程"、"创业竞赛活动"、"创业实践活动"、

"其他"，一个毕业生可以选择参加多类教育。

创新创业教育有效性：毕业生选择了参加某类创新创业教育后，会再评价该类教育对其工作或学习是否有帮助。创新创业教育有效性＝参加过该类教育并表示有帮助的人数/参加过该类教育的人数。

D

大学毕业生：本科院校、高职高专院校的毕业生。

待定族：指跟踪评价时处于失业状态且不打算求职和求学的大学毕业生。

对母校的总体满意度：由毕业生回答对母校的总体满意度，选项有"很满意"、"满意"、"不满意"、"很不满意"、"无法评估"共五项。其中，"满意"、"很满意"属于满意的范围，"不满意"、"很不满意"属于不满意的范围。对母校的总体满意度是回答满意范围的人数百分比，计算公式的分子是回答满意范围的人数，分母是回答不满意范围和满意范围的总人数。

对母校的推荐度：在同等分数、同类型学校条件下，大学毕业生是否愿意推荐母校给亲朋好友去就读的比例。推荐度计算公式的分子是回答"愿意推荐"的人数，分母是回答"愿意推荐"、"不愿意推荐"、"不确定"的总人数。

到课率＝班级实到人数/班级应到人数。

G

工作岗位要求的工作能力水平：用于定义正在工作的大学毕业生所理解的工作对35项基本工作能力的要求级别，从低到高分为一级到七级。一级代表该能力的最低水平，取值1/7；七级代表该能力的最高水平，取值1。为了帮助答题人自评级别，问卷在一到七级中分别举了三个例子，以帮助答题人理解能力差别。

工作能力：从事某项职业工作必须具备的能力，分为职业工作能力和基本工作能力。职业工作能力是从事某一职业特殊需要的能力，基本工作能力是所有工作都必须具备的能力，麦可思参考美国 SCANS 标准，把基本工作能力分为 35 项。根据麦可思的工作能力分类，中国大学生可以从事的职业共 695 个，对应的职业能力近万条。

工作要求的核心知识水平：用于定义正在工作的大学毕业生所理解的工作对各项知识的要求级别，从低到高分为一级到七级。一级代表该知识的最低水平，取值 1/7；七级代表该知识的最高水平，取值 1。为了帮助答题人自评级别，问卷在一到七级中分别举了三个例子，以帮助答题人理解知识水平差别。

工作与专业相关度 = 受雇全职工作并且与专业相关的毕业生人数/受雇全职工作的毕业生人数。

雇主数：指毕业生从第一份工作到三年后的跟踪评价时点，一共为多少个雇主工作过。雇主数越多，则工作转换得越频繁；雇主数可以代表毕业生工作稳定的程度。

H

行业：根据麦可思中国行业分类体系，本次跟踪评价覆盖了高职高专毕业生就业的 327 个行业。

行业转换率：行业转换是指毕业生在毕业半年后就业于某行业（小类），而毕业三年后进入不同的行业就业。行业转换率是指有多大比例的毕业生在毕业三年内转换了行业。其计算方法为：分母是毕业半年后有工作的毕业生数，分子是毕业三年后所在行业与半年后所在行业不同的毕业生数。

核心知识：从事某项职业工作必须具备的知识。麦可思参考美国 SCANS 标准，将核心知识分为 28 项。根据麦可思的核心知识分类，中国大学生可以从事的职业共 695 个，对应的职业知识近万条。

核心知识的重要度：用于定义正在工作的大学毕业生所理解的各项知识

在其岗位工作中的重要程度，分为"无法评估"、"不重要"、"有些重要"、"重要"、"非常重要"和"极其重要"六个层次，数据处理时把重要性处理为百分比，0 代表"不重要"，25% 代表"有些重要"，50% 代表"重要"，75% 代表"非常重要"，100% 代表"极其重要"。

核心知识的满足度：毕业时掌握的核心知识水平满足社会初始岗位的工作要求水平的百分比，100% 为完全满足。满足度计算公式的分子是毕业时掌握的核心知识水平，分母是工作要求的核心知识水平。

红牌专业：失业量较大，就业率、月收入和就业满意度综合较低的专业，为高失业风险型专业。

黄牌专业：除红牌专业外，失业量较大，就业率、月收入和就业满意度综合较低的专业。

J

基本工作能力的重要度：用于定义正在工作的大学毕业生所理解的 35 项基本工作能力在其岗位工作中的重要程度，分为"无法评估"、"不重要"、"有些重要"、"重要"、"非常重要"和"极其重要"六个层次，数据处理时把重要性处理为百分比，0 代表"不重要"，25% 代表"有些重要"，50% 代表"重要"，75% 代表"非常重要"，100% 代表"极其重要"。

基本工作能力的满足度：毕业时掌握的基本工作能力水平满足社会初始岗位的工作要求水平的百分比，100% 为完全满足。满足度计算公式的分子是毕业时掌握的基本工作能力水平，分母是工作要求的水平。

经济区域：本研究把中国内地 31 个省、自治区和直辖市分为八个经济体系区域。

a. 东北区域经济体：包括黑龙江、吉林、辽宁；

b. 泛渤海湾区域经济体：包括北京、天津、山东、河北、内蒙古、山西；

c. 陕甘宁青区域经济体：包括陕西、甘肃、宁夏、青海；

d. 中原区域经济体：包括河南、湖北、湖南；

e. 泛长江三角洲区域经济体：包括上海、江苏、浙江、江西、安徽；

f. 泛珠江三角洲区域经济体：包括广东、广西、福建、海南；

g. 西南区域经济体：包括重庆、四川、贵州、云南；

h. 西部生态经济区：包括西藏、新疆。

就业地：指大学毕业生的就业所在地区。

就业经济区域自主创业比例 = 在本经济区域自主创业的毕业生人数/在本经济区域就业的毕业生人数。

就业率：本科毕业生的就业率 = 已就业本科毕业生数/需就业的总本科毕业生数；需要注意的是，按劳动经济学的就业率定义，已就业人数不包括国内外读研人数，需就业的总毕业生数也不包括国内外读研的人数；政府教育机构统计的就业率通常包括国内外读研人数，也就是本报告中的非失业率。

高职高专毕业生的就业率 = 已就业高职高专毕业生数/需就业的总高职高专毕业生数；其中，已就业人数不包括读本科人数，需就业的总毕业生数也不包括读本科人数。

就业满意度：由就业的毕业生对自己目前的就业现状进行主观判断，选项有"很满意"、"满意"、"不满意"、"很不满意"、"无法评估"共五项。其中，选择"满意"或"很满意"的人属于对就业现状满意，选择"不满意"或"很不满意"的人属于对就业现状不满意。

教学满意度：由毕业生回答对母校的教学满意度，选项有"很满意"、"满意"、"不满意"、"很不满意"、"无法评估"共五项。其中，"满意"、"很满意"属于满意的范围，"不满意"、"很不满意"属于不满意的范围。教学满意度是回答满意范围的人数百分比，计算公式的分子是回答满意范围的人数，分母是回答不满意范围和满意范围的总人数。

教师提问频率 = 教师使用 Mita 提问次数/使用 Mita 上课次数。本研究将教师课堂提问的频率分为以下四种级别：

每次课都提问：即"用 Mita 提问次数"／"用 Mita 上课次数"的结果

大于等于1。

经常提问：即"用 Mita 提问次数"／"用 Mita 上课次数"的结果大于等于0.5。

偶尔提问：即"用 Mita 提问次数"／"用 Mita 上课次数"的结果大于0，且小于0.5。

从不提问：即"用 Mita 提问次数"／"用 Mita 上课次数"的结果等于0。

K

课程的重要度：由就业和正在国内外读研的毕业生判定课程在自己的工作或学习中是否重要。毕业生认为课程对工作或学习的重要度评价分为"无法评估"、"不重要"、"有些重要"、"重要"、"非常重要"、"极其重要"，其中"有些重要"、"重要"、"非常重要"、"极其重要"属于重要的范围。

课程的满足度：回答了课程"有些重要"到"极其重要"的毕业生会被要求回答课程训练是否满足工作或学习要求，满足度指标是回答某课程能满足工作或学习的百分比。计算公式的分子是回答"满足"的人数，分母是回答"满足"和"不满足"的总人数。

课堂测验频率 = 教师使用 Mita 发起课堂测验次数/使用 Mita 上课次数。本研究将课堂测验的频率分为以下四种级别：

每次课都测验：即"用 Mita 测验次数"／"用 Mita 上课次数"的结果大于等于1。

经常测验：即"用 Mita 测验次数"／"用 Mita 上课次数"的结果大于等于0.5。

偶尔测验：即"用 Mita 测验次数"／"用 Mita 上课次数"的结果大于0，且小于0.5。

从不测验：即"用 Mita 测验次数"／"用 Mita 上课次数"的结果等于0。

L

离职类型：分为主动离职（辞职）、被雇主解职、两者均有（离职两次以上可能会出现）三类情形。

离职率：有过工作经历的毕业生（从毕业时到 2017 年 12 月 31 日）有多大百分比发生过离职。离职率＝曾经发生离职行为的毕业生人数/现在工作或曾经工作过的毕业生人数。

绿牌专业：失业量较小，就业率、月收入和就业满意度综合较高的专业，为需求增长型专业。

S

素养提升：由毕业生选择，大学帮助自己在哪些方面素养得到明显提升。一个毕业生可选择多项，也可选择"没有任何帮助"。工程类、艺术类、医学类专业在素养培养上有各自的特点，故这里的素养选项有所不同。

社团活动：指毕业生在大学期间参加过的社团活动。社团活动包括："学术科技类（如：统计协会、哲学社、英语角等）"、"社会实践类（如：创业协会等）"、"公益类（如：志愿者协会等）"、"社交联谊类"、"文化艺术类（如：文学社、书画协会等）"、"表演艺术类（如：演讲与口才、歌舞戏剧、声乐器乐协会等）"、"体育户外类"，一个毕业生可以选择参加多类社团活动，也可以选择"没参加任何社团活动"。

社团活动满意度：毕业生选择了参加某类社团活动后，会再评价该类社团活动是否满意。社团活动满意度＝参加过该类社团活动并表示满意的人数/参加过该类社团活动的人数。

生活服务满意度：由毕业生回答对母校的生活服务满意度，选项有"很满意"、"满意"、"不满意"、"很不满意"、"无法评估"共五项。其中，"满意"、"很满意"属于满意的范围，"不满意"、"很不满意"属于不满意的范围。生活服务满意度是回答满意范围的人数百分比，计算公式的分子是回答满意范围的人数，分母是回答不满意范围和满意范围的总人数。

失业率＝未就业毕业生数/需就业的总毕业生数，需就业的总毕业生数不包括国内外读研（本科毕业生）、读本科（高职高专毕业生）的人数。

W

未就业：本研究将应届毕业生在毕业半年后跟踪评价时没有全职或者半职雇用工作，也没有创业、入伍或升学的状态，视为未就业。这包括准备考研、准备出国读研、还在找工作和"待定族"四种情况。

五大类基本工作能力：麦可思参考美国 SCANS 标准，35 项基本工作能力可划归为五大类型，分别是理解与交流能力、科学思维能力、管理能力、应用分析能力和动手能力。

X

学生工作满意度：由毕业生回答对母校的学生工作满意度，选项有"很满意"、"满意"、"不满意"、"很不满意"、"无法评估"共五项。其中，"满意"、"很满意"属于满意的范围，"不满意"、"很不满意"属于不满意的范围。学生工作满意度是回答满意范围的人数百分比，计算公式的分子是回答满意范围的人数，分母是回答不满意范围和满意范围的总人数。

Y

已就业人群：包括"受雇全职工作"、"受雇半职工作"、"自主创业"、"毕业后入伍"四类人群。

月收入：指工资、奖金、业绩提成、现金福利补贴等所有的月度现金收入。

月收入的"增长率" = （2017 届毕业生的平均月收入 – 2016 届毕业生的平均月收入）/2016 届毕业生的平均月收入。

月收入增长 = 毕业三年后的月收入 – 毕业半年后的月收入。

月收入涨幅 = 月收入增长/毕业半年后的月收入。

Z

职位晋升：由已经工作的毕业生回答是否获得职位晋升以及获得晋升的次数。职位晋升是指享有比前一个职位更多的职权并承担更多的责任，由毕业生主观判断。这既包括不换雇主的内部提升，也包括通过更换雇主实现的晋升。

职位晋升次数：由毕业生回答获得职位晋升的次数，计算公式的分子是三年内毕业生获得的职位晋升次数，没有获得职位晋升的人记为 0 次，分母是三年内就业和就业过的毕业生数。

职业：根据麦可思中国职业分类体系，本次跟踪评价覆盖了高职高专毕业生能够从事的 555 个职业。

职业能力：由已经工作的毕业生（毕业三年后、十年后）选择自己工作中重要的职业能力。一个毕业生可选择多项。

职业素养：由已经工作的毕业生（毕业三年后、十年后）选择自己工作中重要的职业素养。一个毕业生可选择多项。

职业期待吻合度：毕业生的工作与职业期待吻合的人数百分比。

职业转换：职业转换是指毕业生在毕业半年后从事某种职业，毕业三年后由原职业转换到不同的职业。转换职业通常在工作单位内部完成的并不代表离职；反过来讲，更换雇主可能也不代表转换职业。

职业转换率：职业转换率是指有多大比例的毕业生在毕业三年内转换了职业。其计算方法为：分母是毕业半年后有工作的毕业生数，分子是毕业三年后从事的职业与半年后从事的职业不同的毕业生数。

专升本：指高职高专毕业生毕业后继续就读本科。有专升本、专插本、专接本、专转本多种形式，本报告中统一称为"专升本"。

专业大类：按照教育部的专业目录以及学校新增的专业，本次跟踪评价覆盖了高职高专院校所开设的专业大类 18 个。

专业类：按照教育部的专业目录以及学校新增的专业，本次跟踪评价覆盖了高职高专院校所开设的专业类 76 个。

专业：按照教育部的专业目录以及学校新增的专业，本次跟踪评价覆盖了高职高专院校所开设的专业 656 个。

自主创业集中的行业类比例：自主创业人群中有多大比例毕业生在该行业类就业，分子是自主创业人群中在该行业类就业的毕业生人数，分母是毕业生自主创业的总人数。

自主创业集中的职业类比例：自主创业人群中有多大比例的毕业生从事该职业类。分子是自主创业人群中从事该职业类的毕业生人数，分母是毕业生自主创业的总人数。

B.18
主要参考文献

[1] E. Grady Bogue, Kimberly Bingham Hall. *Quality and Accountability in Higher Education* [M]. Greenwood Publishing Group, Inc, 2003.

[2] James D. Fearon. 2002. Selection Effects and Deterrence. International Interaction. 28: 5 – 29.

[3] 麦可思研究院编著《2015 年中国高职高专生就业报告》，社会科学文献出版社，2015。

[4] 麦可思研究院编著《2016 年中国高职高专生就业报告》，社会科学文献出版社，2016。

[5] 麦可思研究院编著《2017 年中国高职高专生就业报告》，社会科学文献出版社，2017。

[6]《中华人民共和国职业分类大典》，中国劳动社会保障出版社，1999。

[7]《中华人民共和国职业分类大典》（2005 增补本），中国劳动社会保障出版社，2005。

❖ 皮书起源 ❖

"皮书"起源于十七、十八世纪的英国,主要指官方或社会组织正式发表的重要文件或报告,多以"白皮书"命名。在中国,"皮书"这一概念被社会广泛接受,并被成功运作、发展成为一种全新的出版形态,则源于中国社会科学院社会科学文献出版社。

❖ 皮书定义 ❖

皮书是对中国与世界发展状况和热点问题进行年度监测,以专业的角度、专家的视野和实证研究方法,针对某一领域或区域现状与发展态势展开分析和预测,具备原创性、实证性、专业性、连续性、前沿性、时效性等特点的公开出版物,由一系列权威研究报告组成。

❖ 皮书作者 ❖

皮书系列的作者以中国社会科学院、著名高校、地方社会科学院的研究人员为主,多为国内一流研究机构的权威专家学者,他们的看法和观点代表了学界对中国与世界的现实和未来最高水平的解读与分析。

❖ 皮书荣誉 ❖

皮书系列已成为社会科学文献出版社的著名图书品牌和中国社会科学院的知名学术品牌。2016年,皮书系列正式列入"十三五"国家重点出版规划项目;2013~2018年,重点皮书列入中国社会科学院承担的国家哲学社会科学创新工程项目;2018年,59种院外皮书使用"中国社会科学院创新工程学术出版项目"标识。

中国皮书网

（网址：www.pishu.cn）

发布皮书研创资讯，传播皮书精彩内容
引领皮书出版潮流，打造皮书服务平台

栏目设置

关于皮书：何谓皮书、皮书分类、皮书大事记、皮书荣誉、
　　　　　皮书出版第一人、皮书编辑部

最新资讯：通知公告、新闻动态、媒体聚焦、网站专题、视频直播、下载专区

皮书研创：皮书规范、皮书选题、皮书出版、皮书研究、研创团队

皮书评奖评价：指标体系、皮书评价、皮书评奖

互动专区：皮书说、社科数托邦、皮书微博、留言板

所获荣誉

2008 年、2011 年，中国皮书网均在全
国新闻出版业网站荣誉评选中获得"最具
商业价值网站"称号；

2012 年，获得"出版业网站百强"称号。

网库合一

2014 年，中国皮书网与皮书数据库端
口合一，实现资源共享。

权威报告·一手数据·特色资源

皮书数据库
ANNUAL REPORT(YEARBOOK)
DATABASE

当代中国经济与社会发展高端智库平台

所获荣誉

- 2016年，入选"'十三五'国家重点电子出版物出版规划骨干工程"
- 2015年，荣获"搜索中国正能量 点赞2015""创新中国科技创新奖"
- 2013年，荣获"中国出版政府奖·网络出版物奖"提名奖
- 连续多年荣获中国数字出版博览会"数字出版·优秀品牌"奖

成为会员

通过网址www.pishu.com.cn访问皮书数据库网站或下载皮书数据库APP，进行手机号码验证或邮箱验证即可成为皮书数据库会员。

会员福利

- 使用手机号码首次注册的会员，账号自动充值100元体验金，可直接购买和查看数据库内容（仅限PC端）。
- 已注册用户购书后可免费获赠100元皮书数据库充值卡。刮开充值卡涂层获取充值密码，登录并进入"会员中心"—"在线充值"—"充值卡充值"，充值成功后即可购买和查看数据库内容（仅限PC端）。
- 会员福利最终解释权归社会科学文献出版社所有。

数据库服务热线：400-008-6695
数据库服务QQ：2475522410
数据库服务邮箱：database@ssap.cn
图书销售热线：010-59367070/7028
图书服务QQ：1265056568
图书服务邮箱：duzhe@ssap.cn

社会科学文献出版社 皮书系列
SOCIAL SCIENCES ACADEMIC PRESS (CHINA)
卡号：211913511265
密码：

S 基本子库
SUB DATABASE

中国社会发展数据库（下设 12 个子库）

全面整合国内外中国社会发展研究成果，汇聚独家统计数据、深度分析报告，涉及社会、人口、政治、教育、法律等 12 个领域，为了解中国社会发展动态、跟踪社会核心热点、分析社会发展趋势提供一站式资源搜索和数据分析与挖掘服务。

中国经济发展数据库（下设 12 个子库）

基于"皮书系列"中涉及中国经济发展的研究资料构建，内容涵盖宏观经济、农业经济、工业经济、产业经济等 12 个重点经济领域，为实时掌控经济运行态势、把握经济发展规律、洞察经济形势、进行经济决策提供参考和依据。

中国行业发展数据库（下设 17 个子库）

以中国国民经济行业分类为依据，覆盖金融业、旅游、医疗卫生、交通运输、能源矿产等 100 多个行业，跟踪分析国民经济相关行业市场运行状况和政策导向，汇集行业发展前沿资讯，为投资、从业及各种经济决策提供理论基础和实践指导。

中国区域发展数据库（下设 6 个子库）

对中国特定区域内的经济、社会、文化等领域现状与发展情况进行深度分析和预测，研究层级至县及县以下行政区，涉及地区、区域经济体、城市、农村等不同维度。为地方经济社会宏观态势研究、发展经验研究、案例分析提供数据服务。

中国文化传媒数据库（下设 18 个子库）

汇聚文化传媒领域专家观点、热点资讯，梳理国内外中国文化发展相关学术研究成果、一手统计数据，涵盖文化产业、新闻传播、电影娱乐、文学艺术、群众文化等 18 个重点研究领域。为文化传媒研究提供相关数据、研究报告和综合分析服务。

世界经济与国际关系数据库（下设 6 个子库）

立足"皮书系列"世界经济、国际关系相关学术资源，整合世界经济、国际政治、世界文化与科技、全球性问题、国际组织与国际法、区域研究 6 大领域研究成果，为世界经济与国际关系研究提供全方位数据分析，为决策和形势研判提供参考。

法律声明

　　"皮书系列"（含蓝皮书、绿皮书、黄皮书）之品牌由社会科学文献出版社最早使用并持续至今，现已被中国图书市场所熟知。"皮书系列"的相关商标已在中华人民共和国国家工商行政管理总局商标局注册，如 LOGO（ ）、皮书、Pishu、经济蓝皮书、社会蓝皮书等。"皮书系列"图书的注册商标专用权及封面设计、版式设计的著作权均为社会科学文献出版社所有。未经社会科学文献出版社书面授权许可，任何使用与"皮书系列"图书注册商标、封面设计、版式设计相同或者近似的文字、图形或其组合的行为均系侵权行为。

　　经作者授权，本书的专有出版权及信息网络传播权等为社会科学文献出版社享有。未经社会科学文献出版社书面授权许可，任何就本书内容的复制、发行或以数字形式进行网络传播的行为均系侵权行为。

　　社会科学文献出版社将通过法律途径追究上述侵权行为的法律责任，维护自身合法权益。

　　欢迎社会各界人士对侵犯社会科学文献出版社上述权利的侵权行为进行举报。电话：010-59367121，电子邮箱：fawubu@ssap.cn。

社会科学文献出版社